Anne Enderlein
Cornelie Kister

Aldidente – Fixe Küche
Schnell und preiswert auf den Teller

Eichborn.

Lektorat: Oliver Thomas Domzalski

unter Mitarbeit von Judith Schneider

3 4   02 01

© Eichborn AG, Frankfurt am Main,

August 2000

Satz und Layout: Jeanne van Stuyvenberg

Druck und Bindung: WS Bookwell, Finnland

ISBN 3-8218-3566-4

Verlagsverzeichnis schickt gern:

Eichborn Verlag, Kaiserstraße 66, D-60329 Frankfurt am Main

www.eichborn.de

Fixe Küche

Vorwort

Klagen vernimmt man an allen Ecken: Keine Zeit! Bin noch nicht mal richtig zum Essen gekommen! Wann hört der Streß endlich auf! – Ohne Sie frustrieren zu wollen, können wir Ihnen versichern: Nie! Wenn Sie glauben, ein Projekt abgeschlossen zu haben und endlich so richtig ausspannen zu können, dann will schon ein volles Freizeitprogramm absolviert, der Freund bzw. die Freundin verwöhnt oder die Familie beschäftigt werden. Aber, aber! Das ist noch lange kein Grund, jetzt den Kopf hängen zu lassen. So ist das Leben nun mal – relaxen können Sie im Alter, aber selbst dann kommen Sie bestimmt nicht dazu.

Ein wirklich leidiges Problem bei chronischem Zeitmangel sind jedoch die Eßgewohnheiten. Hier gibt es wahrlich allen Grund zur Klage. Dieses ewige In-sich-Hineinmümmeln eines faden Brötchens mit Schinken oder lascher Pommes rot/weiß beim Imbiß an der Ecke kann man schon nach wenigen Wochen einfach nicht mehr ertragen. Auch ein würziger Döner in der Papiertüte, ein halbes

Hähnchen auf dem Pappteller oder Schweinefleisch süß-sauer aus einem Asia-Take-away läßt einem nicht mehr das Wasser im Mund zusammenlaufen. Und auch die Angebote in Szene-Snackbars, die zweifellos appetitlich und schmackhaft zubereitet sind, können keine befriedigende Dauerlösung sein.

Wir raten Ihnen dringend zum Umdenken. Unterschätzen Sie nicht das Kapitel Essen. Wer ewig nur im Stehen oder beim Autofahren für Kaloriennachschub sorgt, der vergißt die Wichtigkeit, die sowohl die Nahrung als auch die Prozedur des Essens für die Spezies Mensch haben. Denken Sie nur an das Tierreich! Nicht wenige Tierarten sind, wenn sie nicht gerade schlafen, den ganzen Tag oder die ganze Nacht mit Futtersuche beschäftigt. Halten Sie sich das Bild eines Löwen vor Augen, wie genüßlich und mit welcher beneidenswerten Ausdauer dieser ein Gnu verspeist. Na gut, Sie müssen natürlich nicht Ihren gesamten Tagesrhythmus auf das Essen umstellen, aber Sie sollten dafür sorgen, hin und wieder Ihre Speisen selbst

zuzubereiten und beim Essen nichts anderes machen als eben essen, und das am besten im Sitzen und am Tisch. Wer sich selbst – und sei es nur fix – etwas köchelt, der weiß zum einen, was er da Köstliches ißt, zum anderen kann man das Selbstgemachte in der Regel auch besser genießen. Und darum sollte es doch gehen: Essen ist eben nicht nur Energiezufuhr, sondern auch Genuß.

Aber keine Sorge, wir berücksichtigen voll und ganz Ihren überlasteten Terminkalender: Was Sie in diesem Kochbuch finden, geht schnell und auch noch kinderleicht. Im Handumdrehen zaubern Sie für sich, für Ihren Partner, für die Familie oder für Gäste etwas köstlich Fixes auf den Tisch.

Wer keine oder wenig Übung im Kochen hat, weil er meistens irgendwas außer Haus zu sich nimmt, der hat natürlich ein Problem – im Kühlschrank herrscht gähnende Leere: eine angebrochene H-Milch, zwei Dosen Bier, eine leicht ranzige Margarine, Scheibenkäse und vielleicht ein angetrockneter roher Schinken. Was läßt sich aus solchen Beständen zubereiten? Nichts! Wer kennt nicht derart leidige Umstände aus eigener Erfahrung. Vor allem, wer allein lebt –, als Auszubildender, als Student oder als Yuppie – kämpft mit chronischem Ausgebranntsein an Vorräten. Mangelnde Erfahrung in kulinarischer Selbstversorgung verhindert zudem einen ökonomischen und ausgewogenen Einkauf, der einen über mehrere Tage hinweg versorgt und auch spontan eine leckere Speise zubereiten läßt. Aber seien Sie unbesorgt, wir werden Ihnen in diesem Kochbuch eine Einkaufsliste an die Hand geben, die die sogenannten Basics in Ihrem Kühlschrank und Ihrer Vorratskammer zusammenstellt. Wenn Sie darauf achten, diese Bestände einigermaßen vollständig zu halten, so sind Sie in der erfreulichen Lage, innerhalb kurzer Zeit eine schmackhafte Mahlzeit zuzubereiten, natürlich nicht alle, die Sie in diesem Buch finden. Mit Vorräten im Haus können Sie nicht von einem Feiertag überrascht werden, der Ihrem Terminkalender völlig entgangen ist.

Selbst unangekündigter Besuch versetzt Sie nicht in eine peinliche Lage.

Schlendern Sie mit Ihrer Einkaufsliste durch Aldi – im übrigen ein für ewig Gehetzte überaus geeigneter Laden: übersichtliches Warenangebot, gute Parksituation, schnelle Kassierer/innen, gut plazierte Packtische. Hier werden Sie keine Zeit an der Wursttheke verplempern, weil es beim Kunden vor Ihnen »immer noch etwas sein darf« und jede Wurstsorte debattiert wird. Nein, hier weiß jeder, was er kriegt und was er will, und das hygienisch eingeschweißt – der Einkauf verläuft in aller Regel reibungslos. Ohne diesem hervorragenden Supermarkt zu nahe treten zu wollen: Sein Angebot reicht jedoch leider nicht ganz aus, um Ihre Basics zu Hause sicherzustellen. Neben vielen Aldi-Produkten gibt es auch unerläßliche Lebensmittel, die Sie sich woanders besorgen sollten.

Mit diesem Kochbuch tragen wir nicht nur Ihrem vollen Tagesplan Rechnung, wir offerieren Ihnen sogar das passende schnelle Rezept für die entsprechende Lebenslage. Wer zwischen Büro und Kino noch etwas Schmackhaftes zu sich nehmen und auf Lakritze oder Popcorn verzichten möchte, dem bieten wir fixe Sandwiches. Auch Gestreßte brauchen nicht länger davor zurückzuschrecken, Gäste zu Hause zu empfangen; die Vorbereitung eines Brunchs oder einer kleinen Party wird nicht ganze Tage in Anspruch nehmen. Kleine Köstlichkeiten mit einem ausgeklügelten Zubereitungsplan lassen sich auch in kurzer Zeit auf den Tisch zaubern. Wer seinen neuesten Schwarm becircen möchte, muß nicht zwangsläufig einen Tisch in einem Drei-Sterne-Restaurant reservieren. Sie finden schnelle und unkomplizierte Gerichte, die Ihnen garantiert gelingen; denn wer verliebt ist, neigt zum Versalzen der Speisen und ist auch sonst nicht immer hochkonzentriert bei der Sache.

Begeben Sie sich also ganz locker in Ihre Küche, werfen Sie einen Blick in dieses Kochbuch, prüfen Sie Lebenslage und Stimmung und wetzen Sie schon mal die Messer ...

Das müssen Sie noch wissen

Einige Erklärungen zur Handhabung des Kochbuches müssen wir noch vorausschicken. Vor jedem Rezept finden Sie genauere Angaben über die Dauer der Zubereitung, vom ersten Handgriff bis zum Anrichten, denn die Speisen variieren in der Art und Dauer des Kochens.

Es gibt Gerichte, die müssen gleich nach der Zubereitung frisch serviert werden und benötigen bis dahin Ihren tatkräftigen Einsatz. Diese sind gekennzeichnet mit dem Hinweis:

Frisch auf den Tisch in: ca. 25 Minuten

Andere sind in wenigen Minuten vorbereitet, müssen jedoch zum Überbacken in den Ofen. Oftmals lassen sich solche Gerichte, wie Gemüse-Gratins oder Aufläufe, ideal bereits Stunden vorher zubereiten, und wenn Sie eventuell erst am Abend essen wollen, so stellen Sie dann erst den Ofen an. Hierfür finden Sie die Angaben:

Vorbereitet in: ca. 10 Minuten
Im Ofen: ca. 15 Minuten

Alle mit * versehenen Zutaten erhalten Sie <u>nicht</u> bei Aldi.
Alle mit ° versehenen Zutaten gibt es <u>gelegentlich</u> bei Aldi.
Am Ende eines jeden Kapitels finden Sie im Kasten Hinweise ☞, die Ihnen weitere Rezepte aus anderen Kapiteln vorschlagen

Achten Sie auf die Portionsangaben zu Beginn jedes Rezepts und verringern oder vervielfachen Sie die Mengen je nach Bedarf.

Die Basics für Kühlschrank, Gefrierfach und Vorratskammer

Was Sie für Ihren täglichen Bedarf ohnehin brauchen, wie Brot, Butter, Marmelade, Aufschnitt, Joghurt, Müsli zum Frühstück, ist in der Einkaufsliste nicht aufgeführt. An diese Dinge haben Sie bestimmt auch schon in Ihren schlimmsten Junk-Food-Zeiten gedacht.

Für die Vorratskammer:

Kartoffeln, Reis, Nudeln
Zwiebeln
2 Dosen geschälte Tomaten
1 Tube Tomatenmark oder passierte Tomaten
Olivenöl, Öl, Essig
2 x H-Sahne
Instant-Brühe
Senf, Salz, Pfeffer, getrocknete Petersilie, Zucker, Mehl
Ciabatta

Für den Kühlschrank:

geriebener Käse in der Tüte
1 Stück Gouda
1 Becher Schmand
Frischkäse (Kräuter oder natur)
Mozzarella
gekochter oder roher Schinken
Cocktailtomaten
evtl. Gemüse nach Belieben (verdirbt schnell!)
evtl. Graved-Lachs

Für die Tiefkühltruhe:

Lachsfilets
Toastbrot
Fertiggerichte wie Pizza oder Pfannengerichte (wenn es wirklich einmal schnell gehen muß!)
evtl. Lammfilets oder Steaks

Das bekommen Sie nicht bei Aldi, ist aber wichtig:

tiefgefrorene Kräuter (Kräutermischung, Petersilie, Schnittlauch, Basilikum)
1 Stück würziger Käse (Parmesan zum Reiben)

So gelingen Ihre Beilagen

Pellkartoffeln Die Kartoffeln gut waschen und mit Wasser bedeckt in einem Topf zum Kochen bringen und bei geringerer Hitze ca. 20 Minuten köcheln lassen. An der größten Kartoffel testen Sie durch Hineinstechen mit einem spitzen Küchenmesser, ob sie gar sind. Gießen Sie das Wasser ab und trocknen Sie die Kartoffeln noch einmal ohne Deckel auf kleiner Flamme.

Pro Person: ca. 300 g (2-3 mittelgroße Kartoffeln)

Salzkartoffeln Salzwasser zum Kochen bringen. Die Kartoffeln mit einem Kartoffelschäler schälen und in gleich große Stücke schneiden. Etwa 15 Minuten im köchelnden Wasser garen, auch hier wieder der Test mit einem spitzen Küchenmesser. Sobald sie gar sind, Kartoffeln abgießen und noch einmal kurz auf kleiner Flamme im Topf trocknen lassen.

Pro Person: ca. 300 g (2-3 mittelgroße Kartoffeln)

Nudeln Vergessen Sie nicht, in das kochende Salzwasser einen Schuß Öl hineinzugeben, das verhindert das Zusammenkleben der Nudeln. Die Garzeit der jeweiligen Nudelsorte entnehmen Sie der Kochanleitung auf der Packung.

Pro Person: 100-120 g Nudeln

Reis Bei Kochbeutelreis richten Sie sich nach der Packungsanleitung.

Bei Parboiled Reis benötigen Sie jeweils die doppelte Menge Wasser im Verhältnis zur Menge des Reises (1 Tasse Reis, 2 Tassen Wasser). Bringen Sie als erstes das Salzwasser zum Kochen. Braten Sie den Reis kurz unter Rühren in etwas Öl an und geben Sie dann das Salzwasser zusammen mit einem Lorbeerblatt über den Reis. Lassen Sie ihn zugedeckt bei geringster Hitze ca. 10 Minuten quellen.

Pro Person: 1 Tasse Reis

Vinaigrette (für 1 Salatgericht)

1/2 TL Senf auf den Schüsselboden geben. 2 EL Essig (Balsamico, Rotwein- oder Weißweinessig o.a.) mit dem Senf gut verrühren. Anschließend mit 4 EL Öl (Oliven-, Sonnenblumen- oder andere Pflanzenöle) binden. Kräftig mit Salz und Pfeffer abschmecken.

Tip: Ein Schuß Sahne oder etwas Joghurt machen die Vinaigrette milder. Sie können auch frische Kräuter unterrühren.

Zeit sparen mit cleveren Ideen

⏱ Lästig und zeitraubend bei Salaten ist das Zubereiten der Sauce. Darum unser Tip: Machen Sie sich eine Salatsauce auf Vorrat. Sie können eine Vinaigrette problemlos einige Zeit zugedeckt in einer Schale aufbewahren (braucht nicht in den Kühlschrank!). Rühren Sie kurz vor dem Anrichten des Salates einmal um, und fertig. Das Grundrezept finden Sie auf S. 11 »So gelingen Ihre Beilagen«

⏱ Ähnlich lästig ist das Salatputzen. Auch hier unser Tip: Waschen Sie auf einmal einen ganzen Kopf oder eine ganze Schale Feldsalat. Wichtig ist, daß Sie die grünen Blätter gut abtropfen lassen und ausschütteln. Wickeln Sie den Salat in eine Papiertüte und verwahren Sie ihn im Gemüsefach. Für die nächsten 3-4 Tage können Sie im Handumdrehen knackige Salate aus Ihrem Vorrat zaubern.

⏱ Wer Speisen mit tiefgefrorenen Lebensmitteln zubereiten möchte, der sollte rechtzeitig ans Auftauen denken. Wenn Sie am Abend ein leckeres Essen servieren möchten, so befreien Sie die Steaks oder Fischfilets schon nach dem Frühstück aus der Tiefkühltruhe. Auf einem Teller im Kühlschrank sind die Köstlichkeiten bis zum Abend nach dem Büro schonend aufgetaut.

⏱ Bei allen Backofenrezepten vergessen Sie nicht, als ersten Handgriff Ihren Ofen vorzuheizen. Das spart Zeit!

⏱ Filetieren von Zitrusfrüchten: Die Schale und die weiße Haut der Orangen und der Grapefruits mit einem scharfen Küchenmesser quer zu den Filets rundherum großzügig abschälen. Das Fruchtfleisch behutsam zwischen den Membranen in ganzen Spalten herausschneiden. Den Saft in einer Schüssel auffangen.

Geschafft!
Fixes vorm Wochenende

Mal ehrlich! Auch wer noch so busy ist und sein Büro über alles liebt – gibt es jemanden, dessen Herz nicht höher schlägt, wenn der Freitagabend naht? Selbst wenn das Wochenende wieder vollgepackt ist mit Arbeit, die Kinder zwei Tage lang nonstop um einen herumspringen, die Schwiegermutter sich für Sonntagnachmittag bereits eingeladen hat, so geht von diesem Abend dennoch ein ganz besonderer Reiz aus. Schon beim Sprung aus dem Bett verspürt man die besondere Leichtigkeit dieses finalen Wochentages. Ungeduldig rutschen Sie auf Ihrem Bürostuhl hin und her in freudiger Erwartung der bevorstehenden Mittagsstunde, denn: Ab eins macht jeder Seins! Vogelfrei beschließen Sie, sich nicht auf direktem Weg mit der Straßenbahn nach Hause zu begeben, sondern noch ein wenig durch die Stadt zu bummeln. Da springt er Ihnen in die Augen – Aldi, Ihr Lieblingssupermarkt für kulinarische Träume. Sofort denken Sie an Ihre Lieben daheim, den geplünderten Kühlschrank und hungrige Mäuler, die zu stopfen, oder unverhoffte Gäste, die ein Wochenende lang zu verköstigen sind. Bei Aldi heißt es: Hier kehr ich ein, hier darf ich sein! Vollgepackt, doch hoch beschwingt wählen Sie nun den direkten Weg nach Hause und lassen sich mit einem tiefen Seufzer auf die Couch sinken. Ihr Freitagabend ist eingeläutet. Das Wochenende ist noch jungfräulich; der kommende Montag liegt in unvorstellbarer Ferne; man kann sich gemütlich zu Hause einigeln und mit gutem Gewissen für einen Moment die Arbeit ruhen lassen; Nachteulen können unbesorgt ausschwärmen, Zeit zum Ausschlafen ist reichlich vorhanden. Wer erinnert sich nicht an die unbeschwerte Kindheit, wenn zumindest an diesem Abend der Vater mit am Abendbrottisch saß und alle Sorgen für wenige Stunden wie weggeblasen schienen, weil Mama so glücklich über ihr selbstgebasteltes Familiennest war.

Tja, auch wer am Samstag wieder in der Frühe im Büro anzutreffen ist, kann sich nicht von dieser verführerischen Freitags-Illusion freimachen. Man sollte es auch gar nicht versuchen, denn gibt es Herrlicheres, als in schönem Schein zu schwelgen?

Um diesen Abend gebührend zu ehren, haben wir einige leckere Rezepte zusammengestellt, die einen idealen Auftakt zum gemütlichen oder quirligen Wochenende darstellen.

Kohlrabi-Gratin
[Für 4 Portionen]

Vorbereitet in: ca. 15 Minuten
Im Ofen: ca. 10 Minuten
Frisch auf den Tisch in: ca. 25 Minuten

Zutaten:
2 oder 3 Kohlrabi (je nach Hunger)
150 ml Sahne
1 Ei
Zitrone
Salz, Pfeffer, 1/2 TL getrockneter Thymian★
125 g gestiftelter Käse

So wird's gemacht:

1. Ca. 3/4 l Salzwasser zum Kochen bringen. Kohlrabi schälen und in feine Querscheiben schneiden. Im Salzwasser ca. 10 Minuten bißfest blanchieren.

2. In der Zwischenzeit die Sahne mit dem Ei verquirlen, mit Salz, Pfeffer und Thymian kräftig würzen, anschließend mit Zitronensaft abschmecken.

3. Den Kohlrabi abgießen und in eine Auflaufform schichten. Die Sauce darübergießen, mit reichlich Käse bedecken und im vorgeheizten Backofen bei 200 °C ca. 10 Minuten überbacken.

Wir empfehlen:

Man kann dieses Gratin einfach mit Brot oder einem knackigen Salat genießen; wer großen Hunger hat und noch eine sättigende Beilage braucht, der koche sich parallel zum Kohlrabi-Gratin noch Salzkartoffeln oder reiche gekochten Schinken dazu.

Blumenkohl-Gratin mit Hackfleisch
[Für 4 Portionen]

Vorbereitet in: ca. 15 Minuten
Im Ofen: ca. 5-10 Minuten
Frisch auf den Tisch in: ca. 20-25 Minuten

Zutaten:
1 Blumenkohl
350 g tiefgefrorenes Hackfleisch, halb und halb (ca. 6 Stunden vor dem Zubereiten auftauen lassen)
2 EL Öl
3 Frühlingszwiebeln* (oder auch kleine Zwiebeln)
2 – 3 EL Tomatenmark
200 ml klare Brühe
Salz, Pfeffer, Muskat und Cayennepfeffer*
200 g mittelalter Gouda

So wird's gemacht:

1. Den Blumenkohl putzen, in Röschen teilen und in kochendem Salzwasser bißfest garen.
2. Das aufgetaute Hackfleisch im heißen Öl krümelig anbraten, mit Pfeffer würzen.
3. Die Frühlingszwiebeln putzen, in Ringe schneiden, zum Fleisch geben und kurz andünsten.
4. Das Tomatenmark zugeben und kurz im Hackfleisch anschwitzen.
5. Das Hackfleisch mit Brühe ablöschen und aufkochen lassen. Die Sauce mit Salz, Muskat und Cayennepfeffer abschmecken.
6. Den Käse in Streifen schneiden. Die Sauce in eine Auflaufform geben, die Blumenkohlröschen darauf verteilen, mit Käse belegen und unter dem vorgeheizten Grill auf der 2. Einschubleiste von unten 5-10 Minuten überbacken.

Ratatouille
[Für 2-4 Portionen]

Frisch auf den Tisch in: ca. 20-25 Minuten

Zutaten:
1-2 Zwiebeln
5 EL Öl
1 rote und 1 gelbe Paprika
1 Aubergine°
300 g Zucchini°
1 große Dose geschälte Tomaten
1/8 l klare Brühe
Salz, Pfeffer, 1 TL Zucker
Thymian (frisch oder getrocknet)°
Petersilie°
40 g geriebener Käse

So wird's gemacht:

1. Die Zwiebeln enthäuten, halbieren, quer in dünne Scheiben schneiden und im heißen Öl glasig dünsten.

2. Das Gemüse waschen. Die Paprika in größere Würfel schneiden. Die Aubergine längs vierteln und in Scheiben schneiden. Die Zucchini längs halbieren und in Scheiben schneiden.

3. Paprika und Aubergine zu den Zwiebeln geben und 5-10 Minuten dünsten lassen. Anschließend die Zucchini dazugeben.

4. Die geschälten Tomaten mit dem Saft hinzufügen, mit der Gabel die Tomaten vorsichtig zerdrücken. Brühe darübergießen und anschließend mit Salz, Pfeffer und Zucker würzen. Am besten zugedeckt weitere 7 Minuten dünsten.

5. Frische Kräuter hacken und unter das Gemüse heben. Das Gemüse mit geriebenem Käse servieren.

Wir empfehlen:

Wer es nicht so üppig möchte, genieße das herrliche Gemüse schlicht mit Brot und Wein. Wer mehr Kohlenhydrate benötigt, kann Reis oder Nudeln dazu servieren.

Kartoffeln mit Walnuß-Pesto
[Für 2 Portionen]

Frisch auf den Tisch in: ca. 25 Minuten

Zutaten:
500 g möglichst kleine Kartoffeln
100 g Walnußkerne
1 Knoblauchzehe
60 g Basilikumblätter°
20 g geriebener Parmesan★
6-8 EL Olivenöl
140 g Feta
Salz, Pfeffer
6 Scheiben Schwarzwälder Schinken

So wird's gemacht:
1. Pellkartoffeln kochen.
2. Walnußkerne, Knoblauch und Basilikum im Mixer oder mit dem Schneidestab zerkleinern. Den Parmesan dazugeben und mit dem Olivenöl zur gewünschten cremigen Konsistenz verdünnen.
3. Den Feta fein zerbröseln und untermischen. Vorsichtig mit Salz und Pfeffer würzen.
4. Das Pesto zusammen mit den Pellkartoffeln und dem Schinken servieren.

Wir empfehlen:
Noch schmackhafter wird dieses herzhafte Pesto, wenn Sie es noch ca. 30 Minuten vor dem Servieren durchziehen lassen. Er läßt sich also prima vorbereiten, wenn Sie Gäste erwarten oder erst später zu essen gedenken.

[17]

Käsespätzle mit Zwiebelringen
[Für 4 Portionen]

Vorbereitet in: ca. 20 Minuten
Im Ofen: ca. 5–10 Minuten
Frisch auf den Tisch in: ca. 25–30 Minuten

Zutaten:
500 g Spätzle
500 g mittelalter Gouda
200 g gewürfelter Katenschinken
50 g Butter
1–2 Zwiebeln

[18] **So wird's gemacht:**

1. Nudeln nach Packungsanleitung zubereiten.
2. In der Zwischenzeit Käse reiben.
3. Lagenweise Nudeln, Käse und Schinkenwürfel in einer gefetteten Form einschichten. Mit dem Käse abschließen. Etwas Butter in Flöckchen auf der obersten Käseschicht verteilen.
4. Im vorgeheizten Ofen bei 200 °C 5–10 Minuten überbacken.
5. In der Zwischenzeit Zwiebeln in feine Ringe schneiden. Den Rest der Butter in der Pfanne erhitzen und die Zwiebelringe glasig dünsten.
6. Jede Portion Käse-Spätzle mit Zwiebelringen belegen.

Wir empfehlen:
Zu diesem herzhaften Auflauf paßt wunderbar ein knackig-bunter Salat.

Überbackenes Rotbarschfilet im Reisbett
[Für 4 Portionen]

Vorbereitet in: ca.15 Minuten
Im Ofen: ca. 10 Minuten
Frisch auf den Tisch in: ca. 25 Minuten

Zutaten:
250 g Reis im Kochbeutel
30 g (ca. 1 EL) Butter
75 g Schmelzkäse
3 EL Senf
1/4 l Sahne
3 Eier
Salz, frisch gemahlener schwarzer Pfeffer
6 Rotbarschfilets (ca. 2 Stunden vor der Zubereitung auftauen lassen)
Zitrone
frischer Dill°

So wird's gemacht:
1. Reis kochen.
2. Backofen auf 250 °C erhitzen.
3. In der Zwischenzeit die Butter zusammen mit Schmelzkäse, Sahne, Senf, Pfeffer und Salz im Topf schmelzen lassen.
4. 3 Eigelb verquirlen und unter die Sauce heben, nicht mehr aufkochen lassen.
5. Den Reis in eine mit Butter gefettete Auflaufform geben, den mit Zitrone beträufelten, gesalzenen und gepfefferten Fisch auf dem Reis verteilen, die Sauce darübergießen und im Ofen überbacken. Garnieren Sie den Auflauf vor dem Servieren mit einigen Zweigen frisch gehacktem Dill.

[19]

Wir empfehlen:
Ein Feldsalat mit Olivenöl-Balsamico-Vinaigrette ergänzt das Gericht nicht nur farblich!

Lauchgemüse mit Käsesauce
[Für 4 Portionen]

Frisch auf den Tisch in: ca. 20 Minuten

Zutaten:
800 g Porree
3 EL Öl
1/4 l klare Brühe
200 g Gorgonzola
frisch gemahlener schwarzer Pfeffer
30 g gehackte Walnüsse

So wird's gemacht:

[20]

1. Den Porree in schmale Scheiben schneiden. 2/3 der Blattenden vorher entfernen.
2. Den geschnittenen Lauch sehr gründlich waschen und in einem Sieb abtropfen lassen.
3. Das Öl erhitzen und den Lauch darin kurz andünsten.
4. Die Brühe dazugießen und bei mittlerer Hitze 5 Minuten köcheln lassen.
5. In der Zwischenzeit den Käse in Würfel schneiden und unter den Lauch rühren, bis er geschmolzen ist.
6. Mit Pfeffer und eventuell noch etwas Salz abschmecken und mit Walnüssen bestreut servieren.

Wir empfehlen:

Das Gemüse ist als Beilage zu kurzgebratenem Schweinefilet oder auch zu Nürnberger Rostbratwürstchen zu empfehlen.

Spargelauflauf
[Für 3 Portionen]

Vorbereitet in: ca. 10-15 Minuten
Im Ofen: ca. 15 Minuten
Frisch auf den Tisch in: ca. 30 Minuten

Zutaten:
1 kg tiefgefrorener, geschälter Spargel°
(ca. 2 Stunden vor der Zubereitung auftauen lassen)
200 ml Wasser
Salz
1 gestrichener TL Zucker
2 Eier
1/2 Becher Schmand
20 g Butter
100 g gestifteter Käse
frisch gemahlener schwarzer Pfeffer
geriebene Muskatnuß
4 EL Semmelbrösel
1 Bund Schnittlauch°
150 g gekochter Schinken

So wird's gemacht:
1. Den Ofen auf 180 °C vorheizen.
2. Den Spargel in gesalzenem und gezukkertem Wasser etwa 15 Minuten dämpfen.
3. In einem Mixgefäß Eier, Schmand, Salz, Pfeffer, Muskatnuß und Käse verrühren.
4. Den Schinken in Streifen schneiden.
5. Den Spargel aus dem Wasser herausnehmen und die Stangen dritteln.
6. Eine Auflaufform mit etwas Butter fetten, Spargel und Schinken nebeneinander hineinschichten und die Sauce darübergießen.
7. Die Form in den Ofen schieben.
8. In einer Pfanne die restliche Butter auslassen und die Semmelbrösel darin goldbraun rösten.
9. Den Auflauf kurz aus dem Ofen nehmen und die Brösel darüber geben.
10. Den Schnittlauch in kleine Röllchen schneiden. Den Auflauf ca. 10-15 Minuten im Ofen backen und vor dem Servieren mit den Schnittlauchröllchen bestreuen.

Rote-Beete-Suppe mit Rostbratbällchen
[Für 2 Portionen]

Frisch auf den Tisch in: ca. 30 Minuten

Zutaten:
1 Glas eingelegte rote Beete
1 Lorbeerblatt*
3/8 l (375 ml) konzentrierte Brühe
1 Suppengrün: 1 Stange Porree.
1 Möhre. 1/2 Sellerie
1 große Bratwurst
Öl
Salz
frisch gemahlener schwarzer Pfeffer
1 Bund Petersilie°

So wird's gemacht:

1. Die Rote-Beete-Kugeln in Scheiben schneiden und in der Brühe zusammen mit einem Lorbeerblatt köcheln lassen.

2. Das Suppengrün kleinschneiden und dazugeben.

3. Die Haut der Bratwurst mit einem spitzen Messer aufschneiden, die Füllung herausdrücken, zu kleinen Bällchen formen und in heißem Fett kurz anbraten. Die Wurstbällchen ohne das Bratenfett in die Suppe geben.

Mit Pfeffer und Salz abschmecken und mit gehackter Petersilie garniert servieren.

[22]

Matjes mit Schinkenbohnen
[Für 4 Portionen]

Frisch auf den Tisch in: ca. 30 Minuten

Zutaten:
4-6 Matjesfilets
500 g grüne Bohnen°
125 g gewürfelter Katenschinken
1 TL getrocknetes oder 1 Bund frisches
Bohnenkraut*
1 Zitrone
1 Becher Schmand
Salz

So wird's gemacht:
1. Die Matjesfilets 10 Minuten wässern.
2. Währenddessen die Bohnen putzen (beide Spitzen abschneiden und waschen) und etwa 10 Minuten in kochendem Salzwasser blanchieren. Falls Bohnen aus der Dose verwendet werden, müssen diese nur heiß-gemacht werden.
3. Den Würfelschinken knusprig anbraten und die Bohnen dazugeben. Schinken, Bohnen und Bohnenkraut noch etwa 5 Minuten zusammen bei kleiner Hitze braten lassen.
4. Die Matjesfilets aus dem Wasser nehmen, vorsichtig auf Küchenkrepp trocknen und die Schale der gut gewaschenen Zitrone darüber reiben.
5. Die Matjesfilets mit je 1 EL Schmand garnieren und dazu die warmen Schinken-bohnen reichen.

Wir empfehlen:
Kochen Sie zu Beginn der Zubereitung des Gerichts Pellkartoffeln, die mit Abschluß aller Vorbereitungen gar gekocht sind.

[23]

Risotto mit Garnelen
[Für 4 Portionen]

Frisch auf den Tisch in: ca. 30 Minuten

Zutaten:
250 g Parboiled-Langkornreis
250 g Riesengarnelen
1 Lorbeerblatt*
2 Stangen Porree
1 Zwiebel
2 EL Sonnenblumenöl
1 EL Butter
50 g gekochter Schinken
1 EL Rosinen
2 EL Mandelstifte*
1 TL Curry
1/8 l klare Brühe
frisch gemahlener schwarzer Pfeffer, Salz
1 Messerspitze Cayennepfeffer (falls vorhanden)
1 TL Zimt

So wird's gemacht:
1. Reis kochen.
2. Die Riesengarnelen in wenig kochendem Salzwasser mit dem Lorbeerblatt 4 Minuten ziehen lassen.
3. Den Porree in schmale Ringe schneiden und gründlich waschen.
4. Die Zwiebel häuten und in kleine Stückchen schneiden und zusammen mit dem Porree etwa 10 Minuten in erhitztem Öl und Butter glasig dünsten.
5. Den Schinken in schmale Streifen schneiden.
6. Schinken, Rosinen, Mandelstifte und Currypulver dazugeben, den Reis unterheben und nochmals 10 Minuten anbraten.
7. Die Brühe angießen und mit Salz, Pfeffer, Cayennepfeffer und Zimt würzen.
8. Zum Schluß die Garnelen unterheben.

[24]

☞ **Mozzarella-Schinken-Toast** (Keine Zeit!)

☞ **Chicorée-Gratin mit Räucherspeck** (Flaute?)

☞ **Bohnensuppe** (Keine Zeit!)

☞ **Lachsvariationen mit Gurkensalsa** (Fit for Fun!)

Husten, Schnupfen, Gliederschmerzen? Fixes zur Genesung

Die ersten untrüglichen Zeichen kennt jeder: ein flaues Gefühl in der Magengegend, Kratzen im Hals, ein Kribbeln in der Nase. Hier hilft kein Zeter und Mordio, eine Krankheit ist im Anflug! Nutzen Sie die kommenden Stunden, in denen Sie sich noch aufrecht halten können und kein Fieber oder Magendrücken Sie in die Horizontale zwingt, und besorgen Sie sich bei Aldi Ihren Überlebensvorrat.

Zu beneiden ist in einer solch kritischen Lage jeder, der in einer festen Bindung lebt. Wer sich nicht gar zu elend fühlt, kann das notge-drungene Betthüten und den Rundum-Service vielleicht sogar in vollen Zügen genießen und als Kurzurlaub daheim verbuchen.

Wer jedoch allein in seinen vier Wänden haust, der muß jetzt in Eigenregie tapfer für die baldige Genesung sorgen.

Vorausgesetzt, Sie haben in Ihrem ge-schwächten Zustand überhaupt Appetit, so finden Sie bei uns einige unkomplizierte und schnelle Rezepte, die Sie wieder aufpäppeln. Wichtig ist natürlich, daß Sie besonders bei Erkältungskrankheiten für einen großen Vorrat an Vitaminen sorgen. Eine heiße Zitrone, Orangen, Kiwis etc. sind das A und O, um eine lästige Schnupfennase zum Versiegen zu bringen.

Zu beachten sind natürlich auch unter-schiedliche Krankheitstypen und ihr Verlauf. Einer schweren Magenverstimmung sollte in der Anfangsphase nur mit Zwieback und Kamillentee begegnet werden. Wenn Sie wieder in der Lage sind, eine Mahlzeit zu sich zu nehmen, dann heißt es: schonend und nahrhaft.

Finger weg von den »Super-Pommes«, auch wenn sie »super« schmecken. Wir empfehlen eine magenfreundliche Zucchinisuppe oder eine stärkende Brühe, die Ihre Kräfte weckt. Bei einer Grippe gibt es keine Lebensmittelbeschränkungen. Einziges Problem ist, daß Sie mit einer Schnupfennase ohnehin nichts schmecken und die Zubereitung einer schmackhaften Mahlzeit verlorene Liebesmüh ist. Jetzt sollte es Ihnen mehr um direkte Energiezufuhr gehen, so daß Sie bald wieder Bäume ausreißen können.

Gute Besserung!

Klare Brühe mit Spiegelei-Toast
[Für 1 Portion]

Frisch auf den Tisch in: ca. 15 Minuten

Zutaten:
3/8 l (375 ml) klare Brühe
1/8 l Weißwein
2 EL Butter

1 Knoblauchzehe
1 Toastbrotscheibe
1 Ei
etwas geriebener Parmesan* oder gestiftelter Emmentaler aus der Tüte
Pfeffer

So wird's gemacht:
1. Brühe und Weißwein erhitzen.
2. Butter heiß werden lassen, Knoblauch hineinpressen, kurz in der heißen Butter schwenken. Das Toastbrot von beiden Seiten knusprig braten.
3. In den Suppenteller das Brot hineinlegen und das rohe Ei vorsichtig daraufgleiten lassen. Mit ein wenig Pfeffer bestreuen und ein bißchen Parmesan darüberstreuen.
4. Die sehr heiße Brühe (Wichtig! Sonst gart das rohe Ei nicht) behutsam über den Spiegelei-Toast gießen und servieren.

[27]

Brokkoli mit Mandeln
[Für 2 Portionen]

Frisch auf den Tisch in: ca. 15–20 Minuten

Zutaten:
1 mittelgroßer Brokkoli°
2 Handvoll gehobelte Mandeln★
Zitrone
1 EL Butter
1 TL Salz

So wird's gemacht:
1. Den Brokkoli waschen und in größere Röschen zerkleinern. Im kochenden Salzwasser ca. 7–10 Minuten blanchieren (nicht zu weich kochen). Den fertigen Brokkoli abgießen.
2. Die Butter in einer Pfanne erhitzen und die Mandeln darin bräunen. Brokkoli hinzufügen und in der Pfanne schwenken. Mit Zitronensaft beträufeln und servieren.

Wir empfehlen:
Wer dem zarten Gemüse den Vortritt lassen möchte, der serviere einfach Brot dazu.
Bei größerem Appetit eignet sich Reis als passende Beilage, allerdings sollte dieser als erstes aufgesetzt werden.
Bärenhunger läßt sich stillen, wenn zu dem Brokkoli Kurzgebratenes (Lamm- oder Rindersteaks) gereicht wird.

Porree-Kartoffel-Suppe
[Für 5–6 Portionen]

Frisch auf den Tisch in: ca. 15–20 Minuten

Zutaten:
300 g Porree
150 g gewürfelter Katenschinken
30 g Butter
3/4 l klare Brühe
50 g Kartoffelpüreepulver
200 g Schmand
Petersilie° (getrocknet oder frisch)

Salz
Pfeffer und Muskatnuß

So wird's gemacht:

1. Den Porree putzen und waschen. Anschließend längs halbieren und in feine Scheiben schneiden. Butter in einem Topf zerlassen und die Schinkenwürfel darin ausbraten.
2. Den Porree zu dem Speck geben und darin andünsten.
3. Die Brühe zugießen und alles zugedeckt 4 Minuten bei milder Hitze kochen lassen.
4. Das Kartoffelpüreepulver einrühren, den Schmand hinzugeben und nochmals aufkochen lassen.
5. Mit Salz, Pfeffer und Muskatnuß herzhaft würzen. Die frisch gehackte oder getrocknete Petersilie darüberstreuen und servieren.

Wir empfehlen:

Diese herzhafte Suppe schmeckt sogar noch am nächsten Tag, so daß Sie für zwei Tage nur einmal kochen müssen!

Zitrusfrüchte mit Joghurtdressing
[Für 2 Portionen]

Frisch auf den Tisch in: ca. 15 Minuten

Zutaten:
1 Grapefruit[a]
1 Orange
250 g Joghurt
1 Zitrone
Zucker

So wird's gemacht:

1. Grapefruit und Orange filetieren (s. Zeit sparen mit cleveren Ideen) – dabei den Saft in einer Schüssel auffangen – und die Filets in mundgerechte Stücke schneiden. **[29]**
2. Den Obstsaft mit Joghurt verrühren und mit Zucker und Zitronensaft abschmecken.
3. Die Fruchtstücke unterheben und servieren

Armer Ritter
[Für 1 Portion]

Frisch auf den Tisch in: ca. 10 Minuten

Zutaten:
1 Ei
1/8 l Milch
1 Päckchen Vanillezucker
1 EL Butterschmalz
2 Weißbrot- oder Toastbrotscheiben
Apfelmus im Glas
Zimt und Zucker

[30] **So wird's gemacht:**
1. Das Ei mit der Milch verquirlen, Vanillezucker unterrühren.
2. Das Brot in die Masse tauchen und vollsaugen lassen.
3. Butterschmalz erhitzen und die Brotscheiben von beiden Seiten kroß braten.
4. Mit Zimt und Zucker bestreuen und mit dem Apfelmus servieren.

Wir empfehlen:
Frisches Obst und ein fruchtiger Joghurt machen dieses Gericht zu einem kompletten Frühstück, das Sie sich als Abwechslung zur gewohnten Marmeladenschnitte ruhig einmal gönnen dürfen.

Überbackene Tomaten
[Für 2 Portionen]

Frisch auf den Tisch in: ca. 20 Minuten

Zutaten:
500 g Tomaten
1 Knoblauchzehe
4 Schalotten* (ersatzweise 1 Zwiebel fein gehackt)
4 EL Olivenöl
1 Tasse Semmelbrösel
Petersilie°

So wird's gemacht:

1. Die Tomaten waschen und quer halbieren.
2. Knoblauchzehe und Schalotten fein hacken oder mit dem Wiegemesser wiegen.
3. Öl in der Pfanne erhitzen, Knoblauch und Zwiebel andünsten, die Tomaten beifügen und mit der Schnittfläche nach unten bei mäßiger Hitze 4 Minuten schmoren, dabei die Pfanne etwas schütteln. Die Tomaten wenden und weitere acht Minuten schmoren.
4. Eine halbe Tasse Semmelbrösel zu den Tomaten geben und 3-4 Minuten bräunen.
5. Mit der Petersilie bestreuen und servieren.

Wir empfehlen:

Nach Art unserer französischen Nachbarn schmeckt zu diesen provenzalischen Tomaten natürlich wunderbar ein frisches Baguette. Sie eignen sich aber auch hervorragend als Beilage zu Kurzgebratenem (Lamm, Rind etc.).

Zucchinisuppe mit frischem Kerbel
[Für 4 Portionen]

Frisch auf den Tisch in: ca. 20 Minuten

Zutaten:
1 kg (ca. 4 Stück) Zucchini°
300 ml klare Brühe
1 Becher Schmand
frischer Kerbel° oder Petersilie°
Salz , frisch gemahlener schwarzer Pfeffer

So wird's gemacht:

1. Die Zucchini gut waschen – wenn die Früchte ausgereifter sind, schälen – und in Würfel schneiden.
2. Zucchiniwürfel in der Brühe etwa 10-15 Minuten dünsten.
3. Die Zucchini pürieren und mit Salz und Pfeffer abschmecken.
4. Jede Suppenschüssel mit frisch gehacktem Kerbel oder auch anderen frischen Kräutern, z.B. Petersilie, und einem Dip Schmand garnieren.

Wir empfehlen:

Reichen Sie frisches Baguette oder auch gebackenes Kräuterbaguette dazu.

Gurkengemüse mit Senf-Kapern-Sauce
[Für 4 Portionen]

Frisch auf den Tisch in: ca. 20 Minuten

Zutaten:
2 Gurken
2 EL Butter
[32] 1/2 Becher Schmand
1-2 EL Senf
frisch gemahlener schwarzer Pfeffer
1 EL Kapern
1 TL klare Brühe
1 Bund Petersilie[o]
Zucker
Essig

So wird's gemacht:

1. Die Gurken schälen, der Länge nach halbieren, mit einem Teelöffel entkernen und in 2 cm dicke Scheiben schneiden.
2. Butter in einer Pfanne auslassen und die Gurken dünsten.
3. Einen Schuß Essig, Schmand, Senf und Kapern hinzufügen. Mit Brühe, Pfeffer und einer Prise Zucker würzen und 10 Minuten köcheln lassen.
4. Die Petersilie waschen, trockenschütteln, die Blätter hacken und zum Schluß unter das Gemüse heben.

Wir empfehlen:

Dieses leichte Gurkengemüse eignet sich bestens als Beilage zu kurzgebratenem Schweinefilet, läßt sich aber auch herrlich mit Salzkartoffeln vegetarisch genießen.

☞ **Kartoffelsuppe mit Lachsstreifen** (Flaute?)

☞ **Avocado-Orangen-Milch** (Saft- und kraftlos?)

☞ **Tomaten-Zucchini-Gratin** (Fit for Fun!)

☞ **Spaghetti pikant** (Zwischen Tür und Angel!)

☞ **Chinakohl mit Frischkäsesauce** (Fit for Fun!)

Leselust!
Fixes zur guten Lektüre

Sie haben mal wieder genug von dem grauen Einerlei Ihres Alltags: Ihr Chef hat Ihnen für den nächsten Morgen schon einen Aktenberg auf den Tisch geladen, die Kassiererin bei Aldi hat Ihr nett gemeintes Lächeln nicht registriert, weil sie voll und ganz mit dem rasanten Eintippen Ihrer Waren beschäftigt war, Ihre Post bestand zu 90 Prozent aus Rechnungen, und Ihre Kinder hatten es heute darauf angelegt, Sie zu quälen … Wer kann es Ihnen da übelnehmen, daß Sie einfach nur weg wollen. Der nächste Urlaub liegt in unerreichbarer Ferne, das Wochenende ist noch lange nicht in Sicht, die letzten Kinofilme haben Sie alle schon gesehen, es bleibt also nur die Flucht in Ihren Roman. Hier rückt Ihnen niemand unangenehm auf den Pelz, hier können Sie ungeniert an Menschen-Schicksalen teilhaben, hier dürfen Sie sich aufs Angenehmste unterhalten lassen.

So gesehen ist es nur recht und billig, daß Sie Zuflucht suchen in Ihrer Romanwelt, wo doch Ihr eigenes Leben augenblicklich so fad daherkommt. Heute haben Sie es besonders eilig, Ihre Kinder zu Bett zu bringen. Sie können es kaum erwarten zu erfahren, ob die Affäre zwischen Schwester Ursula und Oberarzt Steinhuber in der Waldklinik am See nun auffliegt oder nicht. Denn da gibt es noch die verschmähte Oberschwester Barbara, die auf alles ein wachsames Auge hat und nur auf einen Fehltritt der beiden lauert.

Damit Sie sich jedoch vor lauter Spannung während Ihrer Arzt-Lektüre nicht die Plomben aus den Backenzähnen beißen, bieten wir Ihnen garantiert klecker-, fett- und schmierfreie Knabbereien, die den Unterhaltungswert noch steigern.

Lachstatar auf Weißbrotscheiben
[Für 4 Portionen]

Frisch auf den Tisch in: ca. 15 Minuten

Zutaten:
2 tiefgefrorene Lachsfilets (ca. 2 Stunden vor dem Zubereiten auftauen lassen)
1 Schalotte* oder eine kleine Zwiebel
3 EL Olivenöl
gemahlener Koriander* (am besten frisch)
1/2 Bund Basilikum°
Salz, weißer Pfeffer
Weiß- oder Toastbrot

So wird's gemacht:
1. Die Lachsfilets in sehr feine Stücke schneiden oder mit dem Wiegemesser feinwiegen und die Fischstücke in eine Schüssel geben. Mit ebenso feingeschnittener Schalotte oder Zwiebel, Olivenöl, Koriander, Salz und Pfeffer würzen. Basilikum in feine Streifen schneiden und unter das Tatar mischen.
2. Weiß- oder Toastbrot rösten, Tatar mit einem Löffel auf die Brotscheiben verteilen und servieren.

Tomaten-Mozzarella-Spieße
[Portionen nach Bedarf]

Frisch auf den Tisch in: ca. 10 Minuten

Zutaten:
Cocktailtomaten
Mozzarella
frisches Basilikum°
Schwarzwälder Schinken
Holzspieße*

So wird's gemacht:
1. Die Tomaten waschen.
2. Basilikumblätter abzupfen und grob hacken. Mozzarella in die Größe der Tomaten schneiden und in dem gehackten Basilikum wenden.
3. Die Mozzarellastücke mit Schwarzwälder Schinken umwickeln (falls die Schinkenscheiben zu groß sind, halbieren).
4. Je eine Tomate auf die Schinken-Mozzarellarolle aufspießen.

Ziegenkäse-Schnitten
[Für 1 Portion]

Frisch auf den Tisch in: ca. 15 Minuten

Zutaten:
3 Scheiben Graubrot
150 g Ziegenfrischkäse
75 g Schmand
Salz, Pfeffer, Paprikapulver
8 Radieschen
1 TL Schnittlauchröllchen*
1-2 EL Walnußöl°

So wird's gemacht:
1. Die Brotscheiben halbieren und toasten.
2. Ziegenkäse und Schmand mit Salz, Pfeffer und Paprikapulver verrühren und auf die Brote streichen.
3. Die Radieschen in Stifte schneiden und mit den Schnittlauchröllchen über die Brote streuen.
4. Vor dem Servieren die Scheiben mit Öl beträufeln.

[36]

Bruschette mit Paprika und Pesto
[Für 2 Portionen]

Vorbereitet in: ca. 10 Minuten
Im Ofen: ca. 15 Minuten
Frisch auf den Tisch in: ca. 25 Minuten

Zutaten:
1 rote und 1 gelbe Paprikaschote
Olivenöl
Pesto*
2 Baguettebrötchen

So wird's gemacht:

1. Paprikaschoten achteln und auf einem mit Olivenöl bestrichenen Blech im Ofen etwa 15 Minuten backen lassen.
2. Die gebackenen Paprikaschoten in feine Würfel schneiden.
3. Währenddessen die in 4 Scheiben geschnittenen Baguettebrötchen im Ofen goldbraun rösten.
4. Die gebackenen Brotscheiben mit Pesto bestreichen und etwa 1 EL von den noch warmen Paprikawürfeln darauf verteilen.

[37]

☞ **Chicken Chips mit Kräuterquark** (Flaute?)
☞ **Lachs-Frischkäseaufstrich** (Party-Time!)
☞ **Schnelle Dips** (Vor der Flimmerkiste …)
☞ **Harzer Schnitten** (Vor der Flimmerkiste …)
☞ **Gorgonzolacreme im Birnenring** (Sommernachtstraum!)
☞ **Gorgonzolacreme in Avocadoschiffchen** (Vor der Flimmerkiste …)
☞ **Bananen im Schinkenmantel** (Vor der Flimmerkiste …)
☞ **Kiwi-Ananas-Shake** (Zwischen Tür und Angel!)

Keine Zeit!
Fixes für Busineßgestreßte

Es gibt in unserer modernen Welt Menschen, die haben noch nicht einmal Zeit zum Essen. Diese Spezies zeichnet sich dadurch aus, daß Aktienindex, lukrative Geschäftsabschlüsse, Bilanzen und Kursgewinne nicht nur die Tag-, sondern auch ihre Nachtträume beherrschen. Noch vor dem üppigen Frühstück, bestehend aus einer Tasse schwarzen Kaffee, werden die aktuellen Kurse via Internet oder ntv abgerufen. Danach heißt es: zunftgemäßes Styling in Rekordzeit, und rechtzeitig vor der Rush-hour ab ins Büro. Das freundliche Angebot der Kollegen, mittags einen gemeinsamen Snack in der nahegelegenen Bar einzunehmen, wird von diesen Menschen prinzipiell abge-

[38]

schlagen in dem Glauben, teure Arbeitszeit zu verlieren (»Lunch is for loosers«). Wenn am späten Nachmittag dennoch der Magen rebellisch knurrt, werden diese störenden Hunger-Symptome mit einem Täßchen Espresso schlicht hinuntergespült. Gegen 21 Uhr ist dann partout nichts mehr zu machen. Ein pappiges Sandwich an der Autobahn-Raststätte muß wohl oder übel noch während der Fahrt dran glauben.

Für diese Busineßgestreßten sind sogar die 5 Minuten der Essensaufnahme verlorene Minuten, Minuten, die ihnen niemand mehr zurückgibt und vor allem niemand bezahlt. Wenn auch wenig Hoffnung besteht, möchten wir dennoch diese ewig gehetzten Menschen mit unserem Kochbuch erreichen und sie dazu auffordern, die 10 Minuten Vorbereitungszeit und die 3 Minuten zum Verzehr als ihre persönliche Freizeiteinheit des Tages zu betrachten. Mehr verlangen wir nicht! Zugegeben, das Studium des Rezepts raubt ihnen unverhältnismäßig viel Zeit, doch ohne Kochanleitung sind diese kulinarischen Analphabeten hoffnungslos aufgeschmissen. Bei uns lernen sie,

Brokkoli von Chicorée zu unterscheiden, aber auch die hohe Kunst der Rührei-Zubereitung.

Gehören Sie zu dieser Gattung Mensch, dann lehnen Sie sich für Zehntelsekunden entspannt zurück und vertrauen Sie unserer verständnisvollen Fürsorge. Sie werden überrascht sein! Was Sie sich in diesen kurzen Minuten der Muße zubereiten, wird Ihnen nicht nur gut schmecken, diese Zwangspause macht Sie sogar fit für die nächsten 24 Stunden.

Nudeln in Käse-Sahnesauce mit Basilikum
[Für 2-4 Portionen]

Frisch auf den Tisch in: ca. 15 Minuten

Zutaten:
400 g Rigatoni-Nudeln
100 g Bauernschinken
1 Knoblauchzehe
1 kleine Zwiebel
1 Bund Basilikum°
250 ml Sahne
70 g Parmesan*
Salz
Pfeffer
Olivenöl

So wird's gemacht:
1. Die Nudeln kochen.
2. In der Zwischenzeit Zwiebeln und Knoblauch fein hacken, den Schinken in feine Streifen schneiden, die Basilikumblätter grob hacken.
3. Zwiebeln und Knoblauch in der Pfanne in erhitztem Olivenöl dünsten. Die Sahne dazugießen und bei geringer Hitze einköcheln lassen.
4. Den Parmesankäse reiben, unter die Sahne heben und mit Salz und Pfeffer abschmekken.
5. Nudeln abgießen und die Sauce mit den Basilikumblättern darübergeben und vorsichtig vermengen.

[39]

Nudelsalat mit Tomaten, Mozzarella und Basilikum
[Für 4 Portionen]

Frisch auf den Tisch in: ca. 15 Minuten

Zutaten:
300–400 g Rigatoni-Nudeln
1 Mozzarella
1 Bund Basilikum°
300 g Cocktailtomaten
Olivenöl
Salz, Pfeffer

[40] **So wird's gemacht:**
1. Nudeln kochen.
2. In der Zwischenzeit die Tomaten waschen und halbieren. Basilikum waschen und Blätter abzupfen, mit den Fingern grob zerkleinern. Mozzarella in größere Stücke schneiden. Alle Zutaten vorsichtig mischen und mit Salz und Pfeffer würzen.
3. Die gekochten Nudeln in einer Schüssel mit Olivenöl mischen, bis alle gleichmäßig mit Öl überzogen sind (das Olivenöl sollte sich nicht auf dem Schüsselboden absetzen).
4. Tomaten, Mozzarella und Basilikum unter die noch warmen Nudeln heben und servieren.

Mozzarella-Schinken-Toast
[Für 1–2 Portionen]

Vorbereitet in: ca. 5 Minuten
Im Ofen: ca. 15 Minuten
Frisch auf den Tisch in: ca. 20 Minuten

Zutaten:
2 Scheiben Weißbrot
2 EL trockener Weißwein
4 Scheiben Schwarzwälder Schinken
1 Mozzarella
1/2 EL Olivenöl

So wird's gemacht:
1. Die Brote nebeneinander in eine Auflaufform legen und mit Weißwein beträufeln. Im vorgeheizten Backofen (225 °C) ca. 5 Minuten backen.

2. Mozzarella in Scheiben schneiden. Schinken auf die Brote legen, darauf die Mozzarellascheiben, und mit dem Öl beträufeln.
3. Im Ofen noch mal 10 Minuten überbacken.

Wir empfehlen:

Dieses überbackene Brot läßt sich herrlich als Snack mit einem trockenen Weißwein genießen. Besonders bei unerwartetem Besuch zeigen Sie sich mit diesem Gaumenschmaus als versierter Gastgeber.

Nudeln mit Spinat-Gorgonzolasauce
[Für 4 Portionen]

Frisch auf den Tisch in: ca. 15-20 Minuten

Zutaten:
500 g Nudeln (Sorte nach Belieben)
1 Paket tiefgefrorener Rahmspinat
75-100 g Gorgonzola
Sahne
Salz, Pfeffer
4 Scheiben gekochter Schinken
Parmesan*

So wird's gemacht:
1. Nudeln kochen.
2. Rahmspinat bei niedriger Temperatur schonend auftauen lassen. Anschließend den aufgetauten Spinat erhitzen und dabei den Gorgonzola einrühren, bis er sich gut verteilt hat. Einen Schuß Sahne zugeben und mit Salz und Pfeffer abschmecken.
3. Den Schinken in Würfel schneiden und zu der Spinatmasse geben.
4. Die Nudeln mit der Spinat-Gorgonzolasauce servieren. Parmesan dazu reichen.

Wir empfehlen:

Wer nur für zwei Portionen kochen möchte, dem empfehlen wir, den tiefgefrorenen Spinat mit einem scharfen Zargenmesser durchzuschneiden und nur die Hälfte zuzubereiten. Spinat sollte nämlich nicht aufgewärmt werden. Entsprechend verringern sich die anderen Zutaten.

Bohnensuppe
[Für 4 Portionen]

Frisch auf den Tisch in: ca. 15 Minuten

Zutaten:
1 große Zwiebel
100 g gewürfelter Katenschinken
6 kleine Cabanossi
2 Bockwürstchen
1 Dose geschälte Tomaten (800 g)
1 Dose weiße Bohnen (470 g)
1 Dose rote Bohnen (265 g)
Salz, Pfeffer, Paprikapulver
Petersilie°

So wird's gemacht:
1. Die Zwiebel enthäuten und würfeln.
2. Den Katenschinken in einem Topf anbraten. Die Zwiebeln dazugeben und dünsten.
3. Die Cabanossi-Würstchen in Scheiben schneiden, zur Zwiebel-Schinken-Mischung geben und andünsten.
4. Die beiden anderen Würstchen in Scheiben schneiden.
5. Die geschälten Tomaten mit dem Saft in den Topf geben und zugedeckt 6 Minuten erhitzen.
6. Inzwischen die weißen und roten Bohnen in ein Sieb geben, kalt abspülen und abtropfen lassen.
7. Die Bohnen und die Würstchen in der Suppe erhitzen, mit Salz, Pfeffer und Paprika würzen und mit Petersilie bestreuen.

Feldsalat mit Gorgonzola und Walnüssen
[Für 2 Portionen]

Frisch auf den Tisch in: ca. 20 Minuten

Zutaten:
Feldsalat (Menge nach Bedarf)
60 g Gorgonzola
Vinaigrette
50 g Walnußkerne

So wird's gemacht:

1. Den Feldsalat waschen und putzen.
2. Den Gorgonzola in kleine Stücke schneiden.
3. Vinaigrette zubereiten.
4. Feldsalat, Gorgonzola und Nüsse mit der Vinaigrette vermengen.

Wir empfehlen:

Reichen Sie dazu ein kroß aufgebackenes Knoblauch- oder Kräuterbaguette.

Rotbarsch mit Ingwer
[Für 2 Portionen]

Vorbereitet in: ca. 5 Minuten
Im Ofen: ca. 10 Minuten
Frisch auf den Tisch in: ca. 15 Minuten

Zutaten:
4 Rotbarschfilets (ca. 2 Stunden vor der Zubereitung auftauen lassen)
Zitrone
frischer Ingwer★
roter Pfeffer★
Petersilie°
Salz
frisch gemahlener schwarzer Pfeffer
Alufolie

So wird's gemacht:

1. Backofen auf 180 °C vorheizen.
2. Je 1 Fischfilet mit Zitrone beträufeln, salzen, pfeffern und auf Alufolie legen.
3. Geraspelten oder feingeschnittenen Ingwer, etwa 10 rote, unzermahlene Pfefferkörner und frisch gehackte oder getrocknete Petersilie über das Fischfilet geben.
4. Die Alufolie so verschließen, daß das Fischfilet Luft hat, die Folientasche aber komplett geschlossen ist.
5. Den Fisch 10 Minuten im Backofen garen.

Wir empfehlen:

Servieren Sie den Rotbarsch mit Reis und einem Feldsalat mit Olivenöl-Balsamico-Vinaigrette.

Geflügelgeschnetzeltes in Bananen-Sahne-Sauce
[Für 2 Portionen]

Frisch auf den Tisch in: ca. 25 Minuten

Zutaten:
300 g tiefgefrorenes Hähnchengeschnetzeltes (ca. 2 Stunden vor der Zubereitung auftauen lassen)
1 Banane
200 ml Sahne
Sonnenblumenöl
Curry
[44] Salz

So wird's gemacht:
1. Das Öl in einer Pfanne erhitzen und das Geflügelgeschnetzelte von allen Seiten rundherum anbraten.
2. Nach ca. 5 Minuten das Fleisch an den Rand der Pfanne schieben und mit Curry bestreuen. Nach Möglichkeit sollte kein Curry auf den Boden der Pfanne geraten. Curry entwickelt angebraten einen scharfen Geschmack.
3. Während das Fleisch brät, eine Banane in kleine Stücke schneiden und zusammen mit der Sahne schlagen.
4. Die Bananensahne über das Geschnetzelte gießen und bei mittlerer Hitze noch einmal etwa 5 Minuten erwärmen und mit Salz abschmecken.

Wir empfehlen:
Zu diesem exotisch anmutenden Geflügelgericht eignet sich selbstverständlich besonders gut duftiger Reis.

Zucchini-Curry mit Schweinefilet
[Für 4 Portionen]

Frisch auf den Tisch in: ca. 25 Minuten

Zutaten:
600 g Schweinefilet (ca. 3 Stunden vor dem
Zubereiten auftauen lassen)
Salz
frisch gemahlener schwarzer Pfeffer
Öl
2 Zucchini°
1/2 EL Curry
1/4 l klare Brühe
100-150 g süße Sahne
1 Zitrone
Speisestärke
1 Bund Petersilie°

So wird's gemacht:
1. Das Öl erhitzen.
2. Das Schweinefilet unter fließendem Wasser abspülen, auf Küchenkrepp trocknen, anschließend in daumendicke Scheiben und dann Streifen schneiden und in sehr heißem Öl kurz scharf anbraten. Zum Schluß salzen und pfeffern. Das Fleisch mit einem Pfannenheber aus der Pfanne herausnehmen.
3. Zucchini gut waschen, die beiden Enden wegschneiden, in Würfel schneiden und in die Pfanne mit dem Bratenfett geben. Kurz bei mittlerer Hitze andünsten und mit Curry bestreuen. Den Curry nicht anbraten lassen!
4. Mit Brühe auffüllen, die Sahne vorsichtig unterrühren und mit Salz, Pfeffer und Zitronensaft abschmecken.
5. 10 Minuten bei geschlossenem Deckel köcheln lassen.
6. Mit Speisestärke die Sauce binden, das Fleisch dazugeben und kurz erwärmen.
7. Währenddessen die Petersilie waschen, trockenschütteln, die Blätter hacken und kurz vor dem Servieren das Zucchini-Curry damit garnieren.

Wir empfehlen:
Zu diesem asiatisch anmutenden Schweinefilet eignet sich Reis als Beilage.

Krabbenrührei mit Schnittlauch
[Für 2 Portionen]

Frisch auf den Tisch in: ca. 10 Minuten

Zutaten:
100 g Krabben
1 EL Zitronensaft
30 g Butter
1/2 Bund Schnittlauch°
Salz
frisch gemahlener weißer Pfeffer
4 Eier
4 EL süße Sahne oder Milch
2 Scheiben Schwarzbrot

So wird's gemacht:
1. Die Krabben mit Zitronensaft beträufeln, salzen und pfeffern.
2. Einen Teil der Butter in einer Pfanne auslassen.
3. Die Eier mit Sahne oder Milch schaumig quirlen, mit Salz und Pfeffer würzen und in die heiße Butter gießen. Bei mittlerer Hitze stocken lassen, bis der Eierteig am Rand fest wird. Mit einem Holzspachtel nach innen schieben und leicht verrühren. Die Krabben und den Schnittlauch dazugeben und kurz unterheben. Das Ei fertig stocken lassen.
4. Mit gebuttertem Schwarzbrot servieren.

Fischfilet mit Kräutern
[Für 4 Portionen]

Vorbereitet in: ca. 10 Minuten
Im Ofen: ca. 5-6 Minuten
Frisch auf den Tisch in: ca. 15 Minuten

Zutaten:
4 Fischfilets à 200 g, je nach Geschmack Rotbarsch oder Alaska-Seelachs (1-2 pro Person)
Salz
Paprikapulver
weißer Pfeffer (wenn möglich frisch gemahlen)
Sonnenblumenöl

tiefgefrorene Kräutermischung★ (Garten-
kräuter eignen sich am besten: Dill, Petersilie, Kerbel, Kresse, Sauerampfer, Schnittlauch u.ä.)
2 Knoblauchzehen

So wird's gemacht:

1. Den Backofen 180 °C vorheizen.
2. Die Fischfilets waschen, auf Küchenkrepp
   trocknen und mit Salz, Pfeffer und Paprikapulver bestreuen.
3. Aus Sonnenblumenöl und der Gefrier-
   kräutermischung ein Kräuteröl anrühren
   und die Fischfilets damit bestreichen.
4. Eine feuerfeste Form mit halbierten
   Knoblauchzehen ausreiben und diese dann
   in der Form mitbacken lassen.
5. Die Form mit dem Kräuteröl fetten und die
   Filets hineinlegen.
6. Den Fisch im vorgeheizten Ofen etwa
   5-6 Minuten backen.

Wir empfehlen:

Reichen Sie dazu Toastbrot oder Salzkartoffeln
und grünen Salat.

Spaghetti mit Garnelen
[Für 4 Portionen]

Frisch auf den Tisch in: ca. 15 Minuten

Zutaten:
500 g Spaghetti
1 Lorbeerblatt★
500 g Riesengarnelen
1/2 TL Kräuter der Provence★
1 EL Essig
1 Knoblauchzehe
1 Schalotte★
3 EL Sonnenblumenöl
1 Dose (800 g) geschälte Tomaten
Salz, frisch gemahlener schwarzer Pfeffer
1/2 Bund Petersilie[o] (kann auch
tiefgefrorene sein)

So wird's gemacht:

1. Spaghetti kochen.
2. In der Zwischenzeit die Garnelen waschen
   und in kochendem Salzwasser zusammen

mit 1 Lorbeerblatt, den Kräutern der Provence und Essig 4 Minuten ziehen lassen.

3. Knoblauchzehe und Schalotte häuten, in kleine Würfel schneiden und in heißem Öl glasig dünsten.

4. Die geschälten Tomaten in kleine Stücke schneiden und 10 Minuten mit Knoblauch und Schalotte köcheln lassen. Mit Salz und Pfeffer abschmecken.

5. Die Garnelen in der Sauce kurz erwärmen.

6. Petersilie hacken und unter die Sauce heben.

7. Die Spaghetti mit der Sauce vermengen und sofort servieren.

[48]

Hähnchenbrust in Orangen-Senf-Sauce
[Für 4 Portionen]

Frisch auf den Tisch in: ca. 25 Minuten

Zutaten:
2 große Orangen
4 Hähnchenbrüste (je 150 g, tiefgefroren oder frisch)
Sonnenblumenöl
2 EL Senf
1 Becher Schmand
gekörnte Brühe
frisch gemahlener schwarzer Pfeffer, Salz

So wird's gemacht:
1. Eine Orange filetieren (s. Zeit sparen mit cleveren Ideen).

2. Die zweite Orange pressen.

3. Das Fleisch unter fließendem Wasser abspülen und in sehr heißem Öl auf jeder Seite 3 Minuten scharf goldbraun anbraten, salzen und pfeffern. Die Hitze verringern

und das Fleisch aus der Pfanne nehmen und in Alufolie wickeln.

4. Bei geringer Hitze Senf, Schmand und den Saft einer Orange in die Pfanne einrühren. Mit gekörnter Brühe (statt Salz) und Pfeffer abschmecken.

5. Das Fleisch in fingerdicke Scheiben schneiden und zusammen mit den Orangenfilets auf dem Saucenspiegel servieren.

Wir empfehlen:

Als Beilage eignet sich Reis.

☞ **Brokkoli mit Mandeln** (Husten, Schnupfen, Gliederschmerzen?)

☞ **Appenzeller-Schnitten** (Flaute?)

☞ **Chicorée-Orangen-Salat** (Fit for Fun!)

☞ **Überbackenes Rotbarschfilet im Reisbett** (Geschafft!)

☞ **Lachsfilet mit Schnittlauch-Senf-Sauce** (Dinner for Two!)

☞ **Gurkengemüse mit Senf-Kapern-Sauce** (Husten, Schnupfen, Gliederschmerzen?)

Vor der Flimmerkiste ...
Fixes zum Knabbern und Knuspern

Bald ist es soweit! Nur noch 4 1/2 Stunden bis zum Anstoß. Sie können es kaum erwarten, mit Ihren Kumpels heute abend den Bildschirm zu beschwören, um das runde Leder auf dem grünen Rasen in das gegnerische Tor zu zwingen. Wenn man sich das Fußballspiel schon nicht im Stadion angucken kann, dann doch zumindest mit anderen Fans zu Hause vor der Glotze. Das wird wieder ein Gaudi, wenn es Sie alle vor Spannung aus dem Sessel reißt, Sie im Einklang »Tor!« schreien und dabei die Arme in die Höhe schmeißen, als wollten Sie die Sterne vom Himmel holen.

Sie wünschen sich, daß dieser Abend heute besonders schön wird? Wie wär's, wenn Sie Ihren Fangästen außer dem obligatorischen Bier (keine Frage, das gehört natürlich ersatzlos dazu!) mal etwas anderes als Erdnußflips, Chips oder Salzcracker servieren? Wir haben für Sie pfiffige Knabbereien zusammengestellt, mit denen Sie Ihre Freunde verblüffen werden. Sollte Ihr Lieblingsclub wider Erwarten an diesem Abend eine Niederlage erleiden, so haben Sie zumindest für tröstende Schlemmereien gesorgt.

Auch für den Glotzabend der anderen Art, an dem der stimmungsvolle Schmachtschinken mit Ingrid Bergman und Humphrey Bogart auf dem Programm steht, ist es ratsam, den Magen nicht mit fettigen Crackern zu strapazieren, sondern sich mit leichten Gaumenschmeichlern für alle Eventualitäten des Abends frisch zu halten.

Harzer Schnitten
[Für 2 Portionen]

Frisch auf den Tisch in: ca. 20 Minuten

Zutaten:
2 Graubrotscheiben
75 g Rettich*

8 Radieschen
1 kleine Zwiebel
Salz
Pfeffer
1 EL Weißweinessig
2 EL Öl
200 g Harzer Käse

So wird's gemacht:

1. Das Brot halbieren und toasten.
2. Den Rettich schälen, die Radieschen waschen und putzen, beides in Scheiben schneiden und salzen.
3. Die Zwiebel fein würfeln.
4. Essig, Öl, Zwiebel, Salz und Pfeffer verrühren.
5. Den Käse in Scheiben schneiden und die Brote damit belegen.
6. Rettich und Radieschen ausdrücken und mit der Marinade mischen.
7. Die Masse auf dem Käse verteilen und servieren.

Bananen im Schinkenmantel
[Für 2 Portionen]

Vorbereitet in: ca. 5 Minuten
Im Ofen: ca. 7-8 Minuten
Frisch auf den Tisch in: ca. 13 Minuten

Zutaten:
2 Bananen
2 Scheiben Bauernschinken

So wird's gemacht:

1. Den Ofen auf mittlere Hitze vorheizen.
2. Die geschälten Bananen in der Mitte halbieren.
3. Die Bananenhälften mit den Schinkenscheiben umwickeln und 7-8 Minuten auf Alufolie backen. Warm servieren.

Variation:

Geschälte, entkernte und geviertelte Birnen eignen sich ebensogut.

[51]

Himbeerquarkschaum mit Orangenfilets
[Für 4 Portionen]

Frisch auf den Tisch in: ca. 15 Minuten

Zutaten:
1 Glas Himbeerkompott oder frische Früchte
vom Markt
500 g Sahnequark
1 Päckchen Vanillezucker
2 EL Zucker
1 Zitrone
1 Orange
1 Eiweiß

So wird's gemacht:
1. Die Himbeeren in einem Sieb über einer Schüssel abtropfen lassen.
2. Quark, Vanillezucker und Zucker in einer Schüssel verrühren.
3. Die Früchte vorsichtig unterheben.
4. Die Zitrone gründlich unter heißem Wasser abwaschen und etwas Zitronenschale in den Quark reiben, anschließend eine halbe Zitrone hineinpressen und unterrühren.
5. Die Orange filetieren (s. Zeit sparen mit cleveren Ideen).
6. Das Eiweiß zu Schnee schlagen und zusammen mit den Orangenstücken unter den Quark heben.

Variation:
Den Quarkschaum können Sie ebensogut mit Preiselbeeren anrühren. Verwenden Sie dafür 1/2 Glas Preiselbeeren oder frische, klein gewürfelte Früchte vom Markt.

Gorgonzolacreme in Avocadoschiffchen
[Für 2 Portionen]

Frisch auf den Tisch in: ca. 10 Minuten

Zutaten:
1 Handvoll Haselnußkerne°
2 reife Avocados° (reife Avocados müssen
einem Fingerdruck leicht nachgeben. Wenn
Sie beim Einkauf noch zu fest sind, 2-3 Tage
nachreifen lassen!)
100 g Gorgonzola
Sahne
1 Zitrone
frisch gemahlener schwarzer Pfeffer
Salz

So wird's gemacht:
1. Haselnußkerne grob hacken und ohne Fett 5 Minuten in einer kleinen Pfanne rösten.
2. Unterdessen eine Avocado halbieren, vorsichtig den Kern entfernen und beide Hälften mit reichlich Zitrone beträufeln, damit sie sich nicht braun verfärben.
3. Die andere Avocado ebenfalls halbieren, mit einem Teelöffel das Fruchtfleisch herauslösen, in kleine Würfel schneiden und mit reichlich Zitrone beträufeln.
4. Den Gorgonzola mit einer Gabel zerdrücken und unter solange Sahne unterrühren, bis eine Creme entstanden ist.
5. Die angerösteten Haselnußsplitter und die Avocadowürfel vorsichtig unter die Creme heben und mit Salz, Pfeffer und Zitrone abschmecken.
6. Die Masse nun in die beiden anderen Avocadohälften füllen.

Schnelle Dips

Frisch auf den Tisch in: ca. 10 Minuten

Kräuter-Dip

Zutaten:
100 g Joghurt (3,5 %)
50 g Quark (20 %)
1 Knoblauchzehe
tiefgefrorene Kräutermischung*
Zitronensaft
Salz
Pfeffer

[54]

So wird's gemacht:
1. Joghurt und Quark glattrühren.
2. Den Knoblauch mit einer Knoblauchpresse pürieren und mit der Joghurt-Quark-Masse verrühren.
3. Kräuter im gefrorenen Zustand unterheben. Mit Salz, Pfeffer und etwas Zitronensaft würzen.

Radieschen-Creme

Zutaten:
1 Bund Radieschen
150 g Frischkäse
Milch
Salz
Pfeffer

So wird's gemacht:
1. Radieschen putzen, in Stücke schneiden und pürieren.
2. Frischkäse mit den pürierten Radieschen vermengen, mit Milch etwas cremiger machen (eventuell mit dem Schneidestab unterrühren) und mit dem Salz, Pfeffer und etwas Zitronensaft würzen.

Gorgonzola-Frischkäse-Sauce

Zutaten:
100 g Gorgonzola
75 g Frischkäse
50 ml Milch
Pfeffer
1/2 kleine Zwiebel
Petersilie° nach Bedarf

So wird's gemacht:

1. Den Gorgonzola entrinden und in Stücke schneiden. Den Frischkäse und die Milch zugeben und mit dem Schneidestab pürieren. Mit Pfeffer kräftig würzen.
2. Die Zwiebel und die Petersilie fein hacken und kräftig mit Salz und Pfeffer würzen.
3. Beides unter die Gorgonzola-Frischkäse-Sauce rühren.

Wir empfehlen:

Zum Dippen eignen sich Grissini, tiefgefrorene Chicken Chips oder auch gestiftetes rohes Gemüse wie Möhren, Kohlrabi, Gurken, Zucchini.

☞ **Chicken Chips mit Kräuterquark** (Flaute?)
☞ **Lachs-Frischkäseaufstrich** (Party-Time!)
☞ **Tomaten-Mozzarella-Spieße** (Leselust!)
☞ **Erdbeeren mit Zimttoast** (Saft- und kraftlos?)
☞ **Ziegenkäse-Schnitten** (Leselust!)
☞ **Bruscette mit Paprika und Pesto** (Leselust!)
☞ **Gorgonzolacreme im Birnenring** (Sommernachtstraum!)

Party-Time!
Fixes für Gäste

Auf Feste gehen
Liebt man sehr
Eins selbst zu geben
Ist eher schwer ...

Der große Tag ist gekommen. Die Gäste sind eingeladen, die Abendgarderobe gewählt, der DJ gebucht und die Wohnung festlich geschmückt. Es gibt kein Zurück. Den Großeinkauf bei Aldi haben Sie noch mit Bravour gemeistert, doch jetzt stehen Sie vor Ihrem überbordenden Kühlschrank und aller Mut verläßt Sie. Wie konnten Sie nur so waghalsig sein, ohne Erfahrung als Maître de cuisine ein Fest ausrichten zu wollen? War es nicht erst die letzte Party, auf der Sie eingeladen waren, wo Sie der bloße Anblick des Buffets vor Ehrfurcht erblassen ließ? Es gibt einfach Leute, die sind die geborenen Gastgeber. Mit einer Selbstverständlichkeit schütteln sie ein Buffet aus dem Ärmel und überschlagen sich geradezu mit erlesenen Köstlichkeiten. Beneidenswert ist auch der dekorative Feinsinn dieser Menschen. Eine Käseplatte ist nicht einfach eine Käseplatte, nein – die pikanten Milchprodukte ruhen auf gefärbten Weinblättern, den Schinkenteller ziert ein Kranz duftender Blütenblätter, und auch die Südfrüchte stapeln sich mit einer Raffinesse, daß man sprachlos davorsteht. Der Gedanke, solche kulinarischen Profis auf sein eigenes Fest einzuladen, grenzt an Größenwahn und heillose Selbstüberschätzung.

Aber nicht doch! Lassen Sie sich nicht einschüchtern, und trauen Sie sich einfach! Wenn Sie Lust haben, Gäste bei sich zu Hause zu empfangen, dann tun Sie das. Mit ein bißchen Selbstbewußtsein und fachkundiger Hilfe von uns werden auch Sie etwas auf den Tisch zaubern, das sich sehen und schmecken läßt. Mit einem ausgetüftelten Zubereitungsplan verlieren Sie nicht die Übersicht, wenn mehrere Speisen auf einmal aufgetischt werden sollen.

Ein schönes Fest!

Lachs-Frischkäseaufstrich
[Für 4 Portionen]

Frisch auf den Tisch in: ca. 15-20 Minuten

Zutaten:
1 tiefgefrorenes Fischfilet (ca. 2 Stunden vor
dem Zubereiten auftauen lassen)
1 Tasse klare Brühe
1/2 Tasse Weißwein
150 g Frischkäse
120 g Quark
60 g Sahne
10 g Sahne-Meerrettich°
Saft einer halben Zitrone
Salz, weißer Pfeffer
1-2 Scheiben Räucherlachs

So wird's gemacht:
1. Das Fischfilet in dem erhitzten Sud aus Brühe und Wein 6 Minuten pochieren.
2. Frischkäse, Quark, Sahne und Sahne-Meerrettich miteinander verrühren. Mit Zitronensaft, Salz und Pfeffer würzen.
3. Räucherlachsscheiben in feine Stücke schneiden, den pochierten Lachs mit der Gabel in Stücke teilen. Beides unter die Frischkäse-Quark-Mischung geben und servieren.

Wir empfehlen:
Dieser Aufstrich läßt sich gut vorbereiten und im Kühlschrank kalt stellen. Sie können geröstetes Brot, auch Schwarzbrot, dazu servieren oder – für eine komplette Mahlzeit – Pellkartoffeln.

Gefüllte Cocktailtomaten mit Krabben
[Für 4 Portionen]

Frisch auf den Tisch in: ca. 15 Minuten

Zutaten:
6 Cocktailtomaten (möglichst große)
1 Töpfchen Krabben
Dill°
1 Zitrone
60 g Joghurt
Salz, Pfeffer

So wird's gemacht:

1. Die Cocktailtomaten waschen, halbieren und mit einem Teelöffel die Kerne herauslösen.
2. Die Krabben grob hacken, mit Zitronensaft beträufeln, dann mit gehacktem Dill vermischen und in die Cocktailtomatenhälften füllen.
3. Den Joghurt mit Salz und Pfeffer würzen und einen kleinen Klecks auf jede gefüllte Tomate geben.

Wir empfehlen:
Die gefüllten Cocktailtomaten sollten möglichst frisch zubereitet serviert werden, da sie sonst zuviel Flüssigkeit ziehen.

Pfirsich-Sahne-Creme
[Für 4-6 Portionen]

Vorbereitet in: ca. 15 Minuten

Zutaten:
1 große Dose Pfirsiche
1/2 Päckchen Vanillepudding
200 ml Sahne
Zitronensaft

So wird's gemacht:

1. Den Pfirsichsaft abgießen, mit dem Puddingpulver verrühren und unter Rühren aufkochen lassen.
2. In der Zwischenzeit die Pfirsiche in kleine Stücke schneiden und in eine Schüssel füllen. Den eingedickten Saft mit etwas

Zitronensaft abschmecken und über die Pfirsiche geben. Die Masse im Kühlschrank gut auskühlen lassen (wichtig!).

3. Sahne steif schlagen und vorsichtig unter die Pfirsichmasse heben und servieren.

Tarte aux citrons

Vorbereitet in: ca. 20 Minuten
Im Ofen: ca. 25 Minuten
Frisch auf den Tisch in: ca. 45 Minuten

Zutaten:
Für den Mürbeteig
200 g Mehl
100 g Butter
2 EL Öl
1 Prise Salz
1 EL Wasser

Für den Belag:
2 Eier
100 g Zucker
Schale und Saft von 2 Zitronen
60 g Butter

So wird's gemacht:

1. Zimmerwarme Butter in Stücke schneiden und mit Mehl, Öl, Salz und Wasser schnell mit der Hand zu einem Teig verkneten (wenn sich der Teig nicht binden läßt, noch etwas Öl hinzugeben).

2. Den Teig in einer Spring- oder Torteform auslegen, 1 cm Rand hochdrücken (unbeschichtete Formen vorher mit Butter einfetten).

3. Die Eier und den Zucker mit dem Handrührgerät schaumig schlagen. Zitronenschale hineinraspeln und die Zitronen ausquetschen. Saft hinzufügen und unterrühren. Die Butter zerlassen (nicht erhitzen!) und zu der Masse hinzufügen. Alles nochmals verquirlen und auf den Teigboden füllen.

4. Im vorgeheizten Ofen bei 210 °C 25 Minuten backen.

[59]

Apfel-Matjes-Salat
[Für 4 Portionen]

Frisch auf den Tisch in: ca. 20 Minuten

Zutaten:
4 Matjesfilets
4 hartgekochte Eier
3 Gewürzgurken
4 kleine säuerliche Äpfel
2 EL Zitronensaft
100 g Salatmayonnaise
Gurkensud
Salz, frisch gemahlener schwarzer Pfeffer
Dill°

So wird's gemacht:
1. Die Matjesfilets 10 Minuten wässern und parallel dazu 4 Eier etwa 10 Minuten lang hart kochen.
2. Die Matjesfilets in 2 cm große Stücke schneiden.
3. Aus einem gekochten Ei das Eigelb herauslösen und zerhacken.
4. Die Eier und die Gurken würfeln.
5. Die Äpfel waschen, schälen, vierteln, entkernen, in kleine Würfel schneiden und mit dem Zitronensaft beträufeln.
6. Alle Zutaten vorsichtig vermengen.
7. Mayonnaise und etwas Gurkensud in einem Extragefäß verrühren und vorsichtig unter den Salat heben.
8. Mit gehacktem Eigelb und einigen kleinen Dillzweigen garnieren.

- **Lachstatar auf Weißbrotscheiben** (Leselust!)
- **Tomaten-Mozzarella-Spieße** (Leselust!)
- **Tarte au chocolat** (Auf der Pirsch!)
- **Erdbeeren mit Zimttoast** (Saft- und kraftlos?)
- **Schnelle Dips** (Vor der Flimmerkiste …)
- **Bruscette mit Paprika und Pesto** (Leselust!)
- **Gorgonzolacreme im Birnenring** (Sommernachtstraum!)
- **Gorgonzolacreme in Avocadoschiffchen** (Vor der Flimmerkiste …)
- **Krabbencocktail** (Sommernachtstraum!)
- **Himbeerquarkschaum mit Orangenfilets** (Vor der Flimmerkiste …)
- **Mousse au chocolat mit Brandy** (Sommernachtstraum!)
- **Chicorée-Orangen-Salat** (Fit for Fun!)
- **Erdbeeren mit Minze** (Auf der Pirsch!)
- **Matjes-Speckbohnen-Salat** (Sommernachtstraum!)
- **Feldsalat mit Gorgonzola und Walnüssen** (Keine Zeit!)

Brunch
[Für ca. 8-10 Portionen]

In diesem Zubereitungsplan finden Sie folgende Rezepte:

Tarte au chocolat
Pfirsich-Sahne-Creme
Tomaten-Mozzarella-Spieße
Lachs-Frischkäseaufstrich
Gefüllte Cocktailtomaten mit Krabben
oder wahlweise Krabbencocktail
Erdbeeren mit Zimttoast oder
wahlweise Himbeerquarkschaum mit
Orangenfilets

[62] Sie ergänzen noch:

Graubrot, Brötchen, Baguette, Croissants
Marmelade
Butter oder Margarine
Wurstaufschnitt, Schinken und Käse
Hart- oder weichgekochte Eier (wenn
gewünscht, ein frisch zubereitetes Rührei
mit Speck)
Milch, Kaffee oder Tee

Zubereitungsplan:

1. Tarte au chocolat
Vorbereitungszeit: ca. 10-15 Minuten
Im Ofen: ca. 20 Minuten

2. Pfirsich-Sahne-Creme
Zubereitung während der Backzeit der
Tarte au chocolat
Vorbereitungszeit: ca. 15 Minuten (kalt
stellen)

3. Tomaten-Mozzarella-Spieße
Vorbereitungszeit: ca. 10 Minuten

4. Lachs-Frischkäseaufstrich
Vorbereitungszeit: ca. 15-20 Minuten (kalt
stellen)

5. Gefüllte Cocktailtomaten
Vorbereitungszeit: ca. 15 Minuten (kalt
stellen)
oder Krabbencocktail
Vorbereitungszeit: ca. 20 Minuten (kalt
stellen)

6. Erdbeeren mit Zimttoast
Vorbereitungszeit: ca. 15 Minuten
oder Himbeerquarkschaum mit Orangen-
filet

Vorbereitungszeit: ca. 15 Minuten (kalt stellen)

Summa summarum: 90 Minuten (zuzüglich 30 Minuten zum Herrichten der übrigen Zutaten)

Party

In diesem Zubereitungsplan finden Sie folgende Rezepte:

Tarte aux citrons

Erdbeeren mit Minze

Tomaten-Mozzarella-Spieße

Schnelle Dips

Pfirsich-Sahne-Creme oder

Himbeerquarkschaum mit

Orangenfilets oder

Mousse au chocolat mit Brandy

Apfel-Matjes-Salat oder wahlweise

Matjes-Speckbohnen-Salat

Lachstatar auf Weißbrotscheiben

Gorgonzolacreme in Avocadoschiffchen

oder wahlweise Gorgonzolacreme

im Birnenring

Bruschette mit Paprika und Pesto

Feldsalat mit Gorgonzola und

Walnüssen

Chicorée-Orangen-Salat

Sie ergänzen noch:

Partybrot (beim Bäcker am Vortag bestellen!)

Wurst-, Schinken- und Käseplatte

Wasser, Bier, Wein u.ä. partyfreundliche Getränke

Butter, Kräuterbutter oder Knoblauchbutter

Grissini, Chips, Salzstangen u.ä.

Zubereitungsplan:

1. Tarte aux citrons
   Vorbereitungszeit: ca. 20 Minuten
   Im Ofen: ca. 25 Minuten

2. Erdbeeren mit Minze
   Zubereitung während der Backzeit der Tarte aux citrons
   Vorbereitungszeit: ca. 20 Minuten

3. Tomaten-Mozzarella-Spieße
   Vorbereitungszeit: ca. 15 Minuten

4. Schnelle Dips
   Vorbereitungszeit: ca. 15-20 Minuten
   (kalt stellen)

5. Pfirsich-Sahne-Creme
Vorbereitungszeit: ca. 15 Minuten (kalt stellen)
oder Himbeerquarkschaum mit Orangen-filets
Vorbereitungszeit: ca. 15 Minuten (kalt stellen)
oder Mousse au chocolat mit Brandy
Vorbereitungszeit: ca. 30 Minuten (kann sogar am Vortag zubereitet werden, denn die Mousse muß gut durchkühlen)

6. Apfel-Matjes-Salat
Vorbereitungszeit: ca. 20 Minuten (kalt stellen)

oder Matjes-Speckbohnen-Salat
Vorbereitungszeit: ca. 30 Minuten

7. Lachstatar auf Weißbrotscheiben
Vorbereitungszeit: ca. 15 Minuten (kalt stellen)

8. Gorgonzolacreme in Avocadoschiffchen
Vorbereitungszeit: ca. 10 Minuten (kaltstellen)
oder Gorgonzolacreme im Birnenring
Vorbereitungszeit: ca. 10 Minuten (kaltstellen)

9. Bruschette mit Paprika und Pesto
Vorbereitungszeit: ca. 10 Minuten
Im Ofen: ca. 15 Minuten

10. Feldsalat mit Gorgonzola und Walnüssen
Zubereitung während der Backzeit der Bruschette
Vorbereitungszeit: ca. 20 Minuten (Vinai-grette erst, wenn die Gäste kommen, unter-rühren!)

11. Chicorée-Orangen-Salat
Vorbereitungszeit: ca. 15 Minuten (Vinai-grette erst unterrühren, wenn die Gäste kommen.)

Summa summarum: 2 Stunden (zuzüglich 30 Mi-nuten zum Herrichten der übrigen Snacks)

Dinner for Two!
Fixes für gehobene
Ansprüche

Es gibt Anlässe, die verlangen das Besondere: Sie feiern Ihren siebten Hochzeitstag, Sie sehen Ihre beste Freundin nach längerer Zeit wieder, Ihre Gattin hat Geburtstag. Als einfachste Lösung bietet sich hier an, einen Tisch in einem traumhaften Restaurant zu bestellen. Keine Frage – ein routinierter Drei-Sterne-Koch weiß Ihrem besonderen Anlaß einen feierlichen Rahmen zu geben. Aber zeigen Sie Ihrem Partner, Ihrer Freundin oder Ihrer Gattin nicht noch größere Wertschätzung, wenn Sie Ihr festliches Beisammensein durch ein selbst zubereitetes und dekoriertes Candle Light Dinner zu würdigen wissen? Doch Ihnen steckt noch das mißglückte Festmahl mit Ihrem Gatten zum sechsten Hochzeitstag in den Knochen, zu dem Sie als Vorspeise Kalbsleber-Mousse mit Birnen-Schalotten-Chutney servieren wollten, im Hauptgang Sellerie-Gratin mit Krebsschwänzen und als Dessert Baumkuchentörtchen mit Quarkcreme. Keine der Köstlichkeiten wollte recht gelingen: Die Kalbsleber-Mousse geriet zu einem zähen Klumpen, das Chutney hatte den Geschmack der Seligen angenommen, als Sie sich zu lange dem Tranchieren der ausgedörrten Krebsschwänze widmeten, und statt Stangensellerie hatten Sie irrtümlicherweise Knollensellerie gekauft, der auch das Hauptgericht geschmacklich scheitern ließ. Ganz zu schweigen von den Baumkuchentörtchen, die Sie sich todesmutig vorgenommen hatten: Weder die berühmten Baum-Jahresringe hatten Sie hinbekommen, welche die Törtchen so mürbe zerfallen lassen, noch wollte Ihnen die raffinierte Johannisbeergelee-Schicht gelingen. Nein, dieser Alptraum sollte sich unter keinen Umständen dieses Jahr wiederholen, sonst droht Ihre Ehe, die Sie doch jenseits Ihrer kulinarischen Mißerfolge so gut im Griff haben, zu guter Letzt noch zu scheitern.

Keine Angst, wir stehen Ihnen diesmal mit den richtigen Rezepten für den anspruchsvollen Gaumen zur Seite. Vor- wie Nachspeisen, und ebenso der Hauptgang, werden Ihnen im Vergleich zum letzten Gefecht wie ein Kinderspiel vorkommen.

Ihr Gast wird Ihnen die festliche Atmosphäre in den eigenen vier Wänden danken. Ein vertraulicheres Ambiente werden Sie an keinem anderen Ort finden.

Lammsteaks mit Tomatensauce
[Für 4 Portionen]

Frisch auf den Tisch in: ca. 25-30 Minuten

[66] Zutaten:
500 g Tomaten aus der Dose
2 Knoblauchzehen
1 Bund Basilikum°
1 EL Olivenöl
Salz, Pfeffer
1/2 TL Oreganoblättchen*
4 tiefgefrorene Lammfilets (ca. 3 Stunden vor dem Zubereiten auftauen lassen)
Baguette

So wird's gemacht:

1. Die Tomaten im Sieb abtropfen lassen. Den Knoblauch enthäuten und in feine Scheiben schneiden. Basilikumblättchen abzupfen und grob zerstampfen. 1 EL Öl erhitzen. Die Tomaten zugeben, mit Knoblauch, Salz und Pfeffer, Oreganoblättchen und Basilikum würzen. Die Sauce so lange köcheln lassen, bis die Flüssigkeit verdampft ist.

2. Inzwischen die Lammsteaks nach Packungsanweisung von beiden Seiten scharf anbraten.

3. Die geschmorten Tomaten zugeben, sofort servieren und Baguette zum Aufstippen dazu reichen.

Entenbrust mit Honigkruste auf Feldsalat
[Für 2 Portionen]

Vorbereitet in: ca. 5 Minuten
Im Ofen: 35-45 Minuten
Frisch auf den Tisch in: ca. 40-50 Minuten

Zutaten:

1 tiefgefrorene Entenbrust (ca. 6 Stunden vor
dem Zubereiten auftauen lassen)
1 EL Honig
Salz, Pfeffer
Feldsalat nach Bedarf
4-6 Cocktailtomaten
Essig und Öl
Alufolie

So wird's gemacht:

1. Die Entenbrust kurz abwaschen und mit
Küchenkrepp abtupfen. Die Speckschwarte
mit einem scharfen Messer rautenförmig einschneiden. Beide Seiten mit Honig bestreichen und mit Salz und Pfeffer bestreuen.

2. Ofen bis 180 °C vorheizen. Die Entenbrust
mit der Speckseite nach oben in eine
Saftpfanne oder in einen Bräter legen und
bei Ober- und Unterhitze 35-45 Minuten
braten. Wer das Fleisch mehr rosa als
durchgebraten haben möchte, der wickle
die Brust nach 35 Minuten in Alufolie ein
und lasse sie noch ca. 15 Minuten ruhen.

3. In der Zwischenzeit den Feldsalat waschen
und die Wurzeln abknicken. Cocktailtomaten waschen und halbieren. Auf einer
größeren Schale anrichten, Vinaigrette zubereiten und darüberträufeln.

4. Die fertige Entenbrust in feine Scheiben
schneiden und auf dem Salatteller servieren.
Etwas Bratenfond über die Fleischscheiben
und den Salat geben.

Wir empfehlen:

Dazu eignet sich kroß gebackenes Ciabatta oder
Stangenweißbrot. Wenn Sie nur wenig Zeit zum
Kochen haben, aber viel Zeit für Ihr Styling
brauchen, dann ist die Honigkrusten-Ente Ihr
ideales Verführungsrezept.

Schweinemedaillons mit Apfel
[Für 2 Portionen]

Frisch auf den Tisch in: ca. 20 Minuten

Zutaten:
**400 g tiefgefrorenes Schweinefilet (ca.
3 Stunden vor dem Zubereiten auftauen
lassen)**
1 Zwiebel
1 Apfel
2 EL Öl
Salz, Pfeffer
50 ml klare Brühe
[68] **75 g Schlagsahne**
15 g Meerrettich (ca. 1 TL)★
1 EL Weißwein
1 TL Schnittlauchröllchen★

So wird's gemacht:
1. Das aufgetaute Fleisch mit der flachen Seite des Messers flach drücken.
2. Die Zwiebel pellen und in Ringe schneiden. Den Apfel waschen, abtrocknen, entkernen und erst in Scheiben, dann in Würfel schneiden (Schale nicht abschneiden).
3. Die Fleischstücke im heißen Öl rundherum anbraten, mit Salz und Pfeffer würzen. Die Zwiebelringe zugeben und glasig dünsten. Dann die Apfelwürfel zugeben und kurz andünsten.
4. Das Fleisch herausnehmen und warm stellen. Brühe, Sahne und Meerrettich zugeben, aufkochen lassen und mit Salz, Pfeffer und Weißwein würzen.
5. Das Fleisch in die Sauce geben, nochmals 3 Minuten durchziehen lassen und mit Schnittlauch bestreuen.

Überbackene Rindersteaks
[Für 2 Portionen]

Vorbereitet in: ca. 10 Minuten
Im Ofen: ca. 10 Minuten
Frisch auf den Tisch in: ca. 20 Minuten

Zutaten:
400 g tiefgefrorene Rindersteaks (ca. 2
Stunden vor dem Zubereiten auftauen
lassen)
30 g Kräuterbutter (gut 1 EL)
2 Tomaten
8 Scheiben mittelalter Gouda
Salz, Pfeffer und Thymian°

So wird's gemacht:

1. Die aufgetauten Steaks quer durchschneiden (so ergeben sich 4 Fleischstücke, die schneller gar werden). Die Kräuterbutter in der Pfanne erhitzen, und das Fleisch von jeder Seite 1 Minute anbraten. Mit Pfeffer würzen.

2. Die Steaks auf eine Saftpfanne oder in einen Bräter legen. Die Tomaten waschen, Stielansätze entfernen und in Scheiben schneiden. Den Gouda in Streifen schneiden. Die Tomaten auf die Rindersteaks legen und mit Salz, Pfeffer und Thymian würzen. Die Käsestreifen auf die Tomaten verteilen, so daß alles gut bedeckt ist.

3. Die belegten Steaks im vorgeheizten Ofen bei 250 °C ca. 10 Minuten überbacken.

Wir empfehlen:

Um den Kräutergeschmack dieses zarten Fleischgerichts noch zu unterstreichen, servieren Sie ein Kräuterbaguette dazu, das Sie gleichzeitig mit den Filets im Ofen aufbacken. Ein frischer Salat ist in jedem Fall als knackige Beilage zu empfehlen.

Lachsfilet mit Majoran-Kartoffeln
[Für 2 Portionen]

Vorbereitet in: ca. 5 Minuten
Im Ofen: ca. 15 Minuten
Frisch auf den Tisch in: ca. 20-25 Minuten

Zutaten:
500 g Kartoffeln
2 tiefgefrorene Lachsfilets (ca. 3 Stunden vor dem Zubereiten auftauen lassen)
Salz, Pfeffer, Zitrone
3 EL Schmand
Sahne
1 EL Butter
1 TL getrockneter Majoran*

[70]

So wird's gemacht:

1. Salzkartoffeln kochen.
2. Die Lachsfilets in eine Auflaufform legen, mit Salz, Pfeffer und Zitronensaft würzen. An die Seiten und zwischen die Lachsfilets je einen EL Schmand geben und je eine Zitronenscheibe aufrecht hineinstecken. Etwas Sahne drumherumgießen. 15 Minuten im Ofen bei 150°C backen.
3. Fertige Kartoffeln abgießen, Butter in einer Pfanne erhitzen und die Kartoffeln kroß braten. Mit Salz und Majoran würzen.
4. Fertige Lachsfilets und Majoran-Kartoffeln servieren.

Entenbrust mit Koriander
[Für 2 Portionen]

Frisch auf den Tisch in: ca. 20 Minuten

Zutaten:
250 g Porree
150 g reife Tomaten
1 tiefgefrorene Entenbrust (ca. 3 Stunden vor
dem Zubereiten auftauen lassen)
100 ml klare Brühe
1 EL Speisestärke
2 EL Rotwein
Salz, Pfeffer und Koriander*

So wird's gemacht:
1. Den Porree putzen und in Ringe schneiden. Die Tomaten waschen und in Spalten schneiden (Stielansätze entfernen).

2. Die Speckschwarte der aufgetauten Entenbrust mit einem scharfen Messer ablösen und ca. 20 g des Fettes in feine Stücke schneiden. Fett in der Pfanne ausbraten und in der Zwischenzeit die Entenbrust in feine Scheiben schneiden.

3. Die Fleischscheiben in dem heißen Fett rundherum anbraten, mit Salz, Pfeffer und Koriander würzen. Den Porree zugeben, andünsten und mit der Brühe ablöschen. Bei mäßiger Temperatur ca. 6 Minuten köcheln lassen.

4. Die Speisestärke mit dem Rotwein verrühren, zu dem Fleisch geben und aufkochen lassen.

5. Die Tomaten zugeben und eventuell mit Salz und Pfeffer nachwürzen.

Wir empfehlen:

Reis oder Nudeln als Beilage machen die Entenbrust mit Koriander zu einem kompletten Gericht.

[71]

Überbackene Erdbeeren in Weinsauce
[Für 2 Portionen]

Vorbereitet in: ca. 10 Minuten
Im Ofen: ca. 10 Minuten
Frisch auf den Tisch in: 20 Minuten

Zutaten:
300 g Erdbeeren°
4 Eigelb
120 g Puderzucker
1 Prise Mehl
100 ml Dessertwein

[72]

So wird's gemacht:

1. Die Erdbeeren waschen, putzen und in Scheiben schneiden. Die Erdbeerscheiben in eine Auflaufform geben.
2. Die Eigelb mit dem Puderzucker und 1 Prise Mehl cremig schlagen, den Dessertwein im warmen Wasserbad darunterschlagen.
3. Die Masse über die Erdbeeren geben und auf der 2. Einschubleiste von oben unterm Grill 10 Minuten überbacken.

Wir empfehlen:

Das kühle Pendant zu diesem warmen Erdbeertraum ist eine Kugel Vanilleeis.

Gefüllte Salbeiblätter
[Für 4 Portionen]

Frisch auf den Tisch in: ca. 20 Minuten

Zutaten:
2 Eier
20 g (ca. 2 gestrichene EL) Mehl
Salz
1 Messerspitze Trockenhefe*
1 EL Olivenöl
1 Mozzarella
frische Salbeiblätter*
Pflanzenöl

So wird's gemacht:

1. Eigelb und Eiweiß trennen.
2. Aus Eigelb, einer Prise Salz, der Trockenhefe, dem Mehl und dem Olivenöl einen flüssigen Teig rühren.
3. Eiweiß zu Schnee schlagen und unter den Teig heben.
4. Den Mozzarella in nicht zu dünne Scheiben schneiden und je eine zwischen zwei Salbeiblätter legen. Wenn die Salbeiblätter zu klein sind, die Mozzarellascheiben noch einmal halbieren.
5. Öl in einer Pfanne erhitzen.
6. Jedes Salbei-Mozzarella-Päckchen mit den Fingern durch den Teig ziehen und sofort in das siedende Öl legen. Das muß sehr schnell gehen, da die gefüllten Salbeiblätter nicht länger als 1-2 Minuten von beiden Seiten goldbraun backen dürfen, weil sonst der Mozzarella zerläuft.

Fisch-Paprika-Ragout
[Für 4 Portionen]

Frisch auf den Tisch in: ca. 30 Minuten

Zutaten:
400 g Alaska-Seelachsfilet oder
Rotbarschfilet (ca. 2 Stunden vor dem
Zubereiten auftauen lassen)
1 Zitrone
1 Zwiebel
1 Knoblauchzehe
1 EL Butter
3 Paprika(rote, gelbe, grüne)
[74] 300 ml passierte oder geschälte Tomaten
1/8 l Rotwein
1 EL Tomatenmark
Thymian°
Salz
frisch gemahlener schwarzer Pfeffer
4 EL saure Sahne

So wird's gemacht:
1. Den Fisch waschen, salzen, mit Zitronensaft beträufeln und in Würfel schneiden.
2. Zwiebel und Knoblauchzehe schälen, hacken und in ausgelassener Butter glasig dünsten.
3. Währenddessen die Paprika waschen, halbieren, entkernen, würfeln und zusammen mit Zwiebel und Knoblauch etwa 10 Minuten schmoren lassen.
4. Passierte oder geschälte Tomaten und Rotwein dazugeben und mit Thymian, Salz und Pfeffer abschmecken. Das Tomatenmark unterrühren.
5. Die Fischwürfel in die Sauce legen und 10 Minuten bei mittlerer Hitze ziehen lassen.
6. Das Ragout auf jedem Teller mit einem Löffel saurer Sahne garnieren.

Wir empfehlen:
Reichen Sie Baguette, Kräuterbaguette oder Reis dazu.

Lachsfilet mit Schnittlauch-Senf-Sauce
[Für 2 Portionen]

Frisch auf den Tisch in: ca. 20 Minuten

Zutaten:
250 g Lachsfilet (ca. 2 Stunden vor dem
Zubereiten auftauen lassen)
1 Zitrone
300 ml klare Brühe
2 EL Sonnenblumenkerne* (sofern im
Vorratsschrank)
2 EL Schmand
2 TL Senf
1 gestrichener TL Zucker
Salz
frisch gemahlener schwarzer Pfeffer
4 EL geschnittener Schnittlauch (frisch oder
tiefgefroren)°
1-2 TL Speisestärke

So wird's gemacht:
1. Den Lachs salzen und mit Zitronensaft
   beträufeln. Anschließend in der Brühe 10
   Minuten pochieren.
2. Währenddessen die Sonnenblumenkerne in
   einer Pfanne kurz ohne Fett rösten.
3. Den Schnittlauch, falls frisch, in kleine
   Röllchen schneiden.
4. Den Lachs aus dem Sud nehmen, Senf und
   Schmand unterrühren und mit Salz, Pfeffer
   und Zucker abschmecken.
5. Die gerösteten Sonnenblumenkerne und
   die Schnittlauchröllchen dazugeben.
6. Speisestärke unter gleichmäßigem Rühren
   in die Sauce streuen, bis sie die gewünschte
   Konsistenz hat.
7. Das Fischfilet wieder vorsichtig in die Sauce
   zurücklegen und 3 Minuten ziehen lassen.

Putenrouladen
[Für 4 Portionen]

Frisch auf den Tisch in: ca. 25 Minuten

Zutaten:
4 tiefgefrorene Putenfilets (ca. 2 Stunden vor dem Zubereiten auftauen lassen)
4 Scheiben Kochschinken
8 frische Salbeiblätter*
100 g würziger Käse (z.B. mittelalter Gouda)
Butaris*, Margarine oder Sonnenblumenöl
150 ml Weißwein
200 g Sahne
Senf
Kapern
Salz, frisch gemahlener schwarzer Pfeffer
Speisestärke

So wird's gemacht:
1. Die Putenfilets gut waschen, auf Küchenkrepp trocknen, auf einer Seite salzen und pfeffern, mit Senf bestreichen und mit je einer Scheibe Kochschinken belegen.

2. Einen fingerdicken Riegel Käse an einen Rand legen und je zwei Salbeiblätter verteilen.

3. Das Fleisch um den Käseriegel wickeln und mit einem Holzspieß oder Kochbindfaden schließen. Rundherum salzen und pfeffern.

4. In einer Pfanne Butaris, Margarine oder Sonnenblumenöl erhitzen und das Fleisch von allen Seiten etwa 4 Minuten scharf anbraten. Mit Weißwein löschen.

5. Mit geschlossenem Deckel 10 Minuten schmoren lassen und hin und wieder wenden.

6. Die Rouladen herausnehmen und warm stellen. Senf, Sahne und Kapern einrühren und mit Speisestärke binden. Die Sauce nochmals kurz aufkochen lassen und mit Pfeffer und Salz abschmecken.

7. Die Rouladen auf Teller geben und mit Sauce übergießen.

Wir empfehlen:
Als Beilage für diese raffinierten Geflügelrollen eignen sich frisches Baguette oder Salzkartoffeln.

Lammsteak indisch
[Für 4 Portionen]

Frisch auf den Tisch in: ca. 25 Minuten

Zutaten:
600 g Lammsteak (ca. 3 Stunden vor dem
Zubereiten auftauen lassen)
2 Zwiebeln
Olivenöl
Salz, frisch gemahlener schwarzer Pfeffer
1 EL Speisestärke
Zimt
Curry
1/4 l klare Brühe
1 Dose (500 g) Aprikosen
Weißwein
100 g Schmand
1 Bund Petersilie
Alufolie

So wird's gemacht:
1. Die Lammsteaks unter fließendem Wasser abspülen, auf Küchenkrepp trocknen und in sehr heißem Öl 3-4 Minuten von allen Seiten scharf anbraten.
2. Das Fleisch aus der Pfanne herausnehmen und in Alufolie wickeln.
3. Die Zwiebeln in Ringe schneiden und in derselben Pfanne glasig dünsten. Mit Zimt und Curry bestreuen.
4. Die Brühe angießen, Schmand und einen guten Schuß Weißwein einrühren.
5. Die Aprikosen in kleine Würfel schneiden und in die Sauce geben.
6. Die Sauce mit Speisestärke binden und mit Pfeffer und Salz abschmecken.
7. Das Fleisch in daumendicke Scheiben schneiden und auf dem Saucenspiegel anrichten.
8. Mit gehackter Petersilie garnieren.

Wir empfehlen:
Wie bei allen fernöstlichen Gerichten ist Reis die passende Beilage.

Schweinefilet mit Nußfüllung
[Für 4 Portionen]

Frisch auf den Tisch in: ca. 30 Minuten

Zutaten:
100 g Walnuß- oder Haselnußkerne
1 Eiweiß
3 TL Senf
600-800 g Schweinefilet (ca. 3 Stunden vor
der Zubereitung auftauen lassen)
Salz, frisch gemahlener schwarzer Pfeffer
Sonnenblumenöl
1 Becher Schmand
[78] Speisestärke

So wird's gemacht:

1. Die Walnuß- oder Haselnußkerne fein-
   hacken und die Hälfte der Nüsse mit Eiweiß, etwas Senf und Pfeffer vermengen.
2. Das Filet unter fließendem Wasser abspülen
   und auf Küchenkrepp trocknen. Anschließend seitlich zwei Drittel tief einschneiden,
   innen salzen und pfeffern und mit der
   Nußpaste füllen.
3. Mit einer Rouladennadel, -klammer oder
   Kochbindfaden das Fleisch schließen.
   Sonnenblumenöl heiß machen und die
   Filets kurz scharf anbraten.
4. Den Becher Schmand und den restlichen
   Senf in die Pfanne rühren und das Fleisch
   zugedeckt bei geringer Hitze 15 Minuten
   ziehen lassen.
5. Das Fleisch herausnehmen und in Folie
   wickeln.
6. Die Sauce mit Salz und Pfeffer abschmekken und die andere Hälfte der gehackten
   Nüsse unterheben. Mit Speisestärke je nach
   Geschmack binden.
7. Das Schweinefilet in Scheiben schneiden
   und auf dem Saucenspiegel anrichten.

Wir empfehlen:

Reichen Sie als Beilage Salzkartoffeln und
trinken Sie einen gut gekühlten, trockenen
Weißwein dazu.

☞ **Gefüllte Cocktailtomaten mit Krabben** (Vorspeise) (Party-Time!)

☞ **Pfirsich-Sahne-Creme** (Party-Time!)

☞ **Tarte aux citrons** (Party-Time!)

☞ **Tarte au chocolat** (Auf der Pirsch!)

☞ **Zitrusfrüchte mit Joghurtdressing** (Husten, Schnupfen, Gliederschmerzen?)

☞ **Apfeltaschen** (Sommernachtstraum!)

☞ **Mousse au chocolat mit Brandy** (Sommernachtstraum!)

Fit for Fun!
Fixes bei Vitaminbedarf

Kalorienzähler aufgepaßt! Sparen Sie sich diesmal das lästige Addieren, vertrauen Sie darauf, daß nachstehende Rezepte Ihnen auf der Zunge zergehen, aber keine Spuren auf Ihren Hüften hinterlassen. Wenn Sie dennoch derartige Befürchtungen hegen, na dann schlüpfen Sie noch vor dem Essen in Ihre Outdoors und machen Ihr Work-out im Park. Bewegung tut immer gut, vor allem Bürohengsten und -stuten. Wer mehr als acht Stunden an seinem Schreibtisch sitzt und noch dazu hoch konzentriert auf den Bildschirm starrt, dem sei besonders angeraten, noch vor der wohlverdienten Mahlzeit den Kreislauf in Schwung zu bringen und die Muskeln auf Trab. Um so größer ist natürlich hinterher der Appetit. Frisch geduscht, mit gut durchbluteten Wangen dürfen Sie sich jetzt nach Herzenslust über das Essen hermachen.

Aber halt! Erst müssen Sie es natürlich noch zubereiten, nur schnell sollte es gehen. Denn wer schon zehn Runden durch den Stadtgarten gedreht hat, dem sei zugestanden, eins, zwei, fix etwas zwischen die Kiemen zu bekommen. Allerdings ohne Kalorienextras! Auf den Tisch kommen weder Knacker noch Tortellini in Sahnesauce und erst recht keine Hamburger mit einer Extraportion Majo. Aber das muß man gesundheitsbewußten Menschen mit Sinn für schlanke Formen auch gar nicht sagen. Ganz selbstverständlich füllen diese Vitaminfreaks ihre Einkaufswagen mit frischem Obst, Gemüse der Saison, Magerquark und probiotischem, fettarmem Joghurt. Daß man auch daraus Köstliches zubereiten kann, sollten Sie gleich einmal ausprobieren. Und freuen Sie sich, daß Ihre Figur dabei ungeschoren davonkommt!

Hähnchengeschnetzeltes mit Mandeln und Trauben
[Für 2 Portionen]

Frisch auf den Tisch in: ca. 15-20 Minuten

Zutaten:
300g Hähnchengeschnetzeltes (tiefgefroren, muß vorher nicht aufgetaut werden)
1 EL Öl
1 EL gehobelte Mandeln*
ca. 20 Weintrauben
Salat (Feldsalat oder Eisbergsalat) nach Bedarf
Vinaigrette

So wird's gemacht:
1. Den Salat waschen, Vinaigrette zubereiten.
2. Das Öl in einer Pfanne erhitzen und das Hähnchengeschnetzelte gemäß Packungsanleitung zubereiten. In der Zwischenzeit die Trauben halbieren und entkernen. Kurz vor Ende der Bratzeit die Mandeln über das Geschnetzelte streuen und mit anbraten. Anschließend die Trauben dazugeben und ebenfalls eine kurze Zeit mitbraten.
3. Salat mit der Vinaigrette mischen und das Fleisch mit den Mandeln und Trauben darübergeben.

Wir empfehlen:
Reichen Sie dazu Kräuterbaguette oder frisches Weißbrot!

[81]

Tomaten-Zucchini-Gratin
[Für 2 Portionen]

Vorbereitet in: ca. 10 Minuten
Im Ofen: ca. 15 Minuten
Frisch auf den Tisch in: ca. 25 Minuten

Zutaten:
4 Tomaten
2 Zucchini°
Salz
frisch gemahlener schwarzer Pfeffer
1 große Knoblauchzehe
1 Bund Petersilie° oder Kerbel° oder
Schnittlauch°
10 Blätter frisches Basilikum°
150-200 g Feta
Olivenöl

So wird's gemacht:

1. Den Backofen auf ca. 170 °C vorheizen.
2. Tomaten und Zucchini waschen, in Scheiben schneiden und abwechselnd in eine feuerfeste Form schichten.
3. Den Knoblauch enthäuten, klein hacken und über das Gemüse verteilen. Salzen, pfeffern und mit den gehackten frischen Kräutern bestreuen.
4. Den Käse in kleine Stücke schneiden und über das Gemüse verteilen.
5. Vorsichtig und gleichmäßig Olivenöl über alles gießen.
6. Im Ofen backen, bis der Käse goldbraun ist.

Wir empfehlen:

Dazu können Sie frisch gebackene Baguettebrötchen oder auch gebackenes Kräuterbaguette reichen. Beides ungefähr 5-10 Minuten zu dem Gratin in den Ofen legen.

Chinakohl mit Frischkäsesauce
[Für 4 Portionen]

Frisch auf den Tisch in: ca. 20 Minuten

Zutaten:
2 Zwiebeln
2 EL Butter
1 Chinakohl*
200 g Frischkäse
1 Bund Schnittlauch°
1 Bund Petersilie°
Salz, frisch gemahlener schwarzer Pfeffer
Saft einer halben Zitrone

So wird's gemacht:

1. Zwiebeln enthäuten und in Ringe schneiden.
2. Butter auslassen und die Zwiebelringe darin glasig dünsten.
3. Währenddessen die äußeren Blätter des Chinakohls entfernen, den Kohl halbieren und die Hälften in Streifen schneiden.
4. Den Kohl zu den Zwiebeln in die Pfanne geben und bei mittlerer Hitze dünsten, bis er zusammengefallen ist.
5. Den Frischkäse vorsichtig unterheben und schmelzen lassen.
6. Die Petersilie waschen und die Blätter hacken. Den Schnittlauch in kleine Röllchen schneiden.
7. Den Kohl salzen, pfeffern, den Saft einer halben Zitrone hinzugeben und die Kräuter unterheben.

Wir empfehlen:
Als Beilage servieren Sie Salzkartoffeln!

Lachsvariationen mit Gurkensalsa
[Für 4 Portionen]

Frisch auf den Tisch in: ca. 25 Minuten

Zutaten:
2 tiefgefrorene Lachsfilets (ca. 2 Stunden vor
dem Zubereiten auftauen lassen)
1/8 l Weißwein
1/2 TL klare Brühe
Salz, weißer Pfeffer
1 Paket Graved-Lachs mit Würzsauce
1 Salatgurke
2 EL Zitronensaft
[84] frischer oder getrockneter Kerbel°

So wird's gemacht:

1. Wein und Brühe erhitzen. Die aufgetauten
   Lachsfilets in 2 cm breite Stücke schneiden,
   mit Salz und Pfeffer bestreuen. In dem
   heißen Sud mit Deckel ca. 6 Minuten
   pochieren. Nicht köcheln lassen! Die Lachs-
   stücke herausnehmen.

2. In der Zwischenzeit die Gurke schälen, halbieren und entkernen. Die Gurke in feine
   Stücke schneiden, diese in den heißen Sud
   geben, Zitronensaft und Kerbel hinzugeben
   und bißfest garen.

3. Das Gurkensalsa mit einem TL Würzsauce
   vom Graved-Lachs abschmecken. Lachsfilet,
   Graved-Lachs-Scheiben und Gurkensalsa
   zusammen auf Tellern servieren.

Wir empfehlen:

Zur Geschmacksabrundung reichen Sie am
besten geröstetes Weißbrot oder Graubrotscheiben mit Butter und einen Gavi sowohl
zum Kochen als auch zum Trinken.

Chicorée-Orangen-Salat
[Für 2-4 Portionen]

Frisch auf den Tisch in: ca. 15 Minuten

Zutaten:
2 Chicoréeköpfe°
1 Orange
50 g Walnußkerne
Vinaigrette mit Weißwein oder Apfelessig

So wird's gemacht:

1. Den Chicorée der Länge nach halbieren. Die Strünke herausschneiden und die Hälften in einzelne Blätter zerpflücken.
2. Die Orange filetieren (s. Zeit sparen mit cleveren Ideen) und in mundgerechte Stücke schneiden.
3. Die Vinaigrette zubereiten und mit Chicorée, Walnußkernen und Orange vermengen.

[85]

☞ **Brokkoli mit Mandeln** (Husten, Schnupfen, Gliederschmerzen?)

☞ **Ratatouille** (Geschafft!)

☞ **Erdbeeren mit Minze** (Auf der Pirsch!)

☞ **Kiwi-Ananas-Shake** (Zwischen Tür und Angel!)

☞ **Zitrusfrüchte mit Joghurtdressing** (Husten, Schnupfen, Gliederschmerzen?)

☞ **Himbeerquarkschaum mit Orangenfilets** (Vor der Flimmerkiste …)

☞ **Gurkengemüse mit Senf-Kapern-Sauce** (Husten, Schnupfen, Gliederschmerzen?)

Flaute?
Fixes bei Langeweile

Auch Vielbeschäftigte werden hin und wieder von ihnen heimgesucht – von Tagen, an denen einfach nichts los ist. Die Aussichtslosigkeit aller Unternehmungen lähmt jede Aktivität und macht einen träge. Es herrscht Flaute! Wo man nur hinhört, alle klagen über Streß und Überlastung, nur man selbst scheint alle Zeit der Welt zu haben und kann gar nichts damit anfangen. In Zeiten, in denen man nicht weiß, was man zuerst machen soll, sehnt man sich nach grenzenloser Muße, nach Stunden der Ruhe, in denen man endlich wieder zu sich findet. Was nimmt man sich nicht alles vor – wenn man nur die Gelegenheit zum Ausspannen bekäme! Tennisspielen, die Urlaubsdias rahmen, den Kleiderschrank aussortieren, mit alten Bekannten ins Kino gehen, die Zimmerpalmen umtopfen.

Sie haben gerade Zeit im Überfluß? Na, dann wäre ja jetzt der passende Moment für all Ihre Vorhaben gekommen – doch was passiert? Däumchen drehend sitzen Sie zu Hause und langweilen sich. Was Ihnen sonst nie passiert, geschieht in einer solchen Verfassung: Sie sitzen schon am Nachmittag vor der Glotze und wissen bereits in diesem Moment, daß Sie sich in einigen Stunden dafür hassen werden. Lustlos zappen Sie sich durchs Programm und stellen fest, Deutschlands beliebteste Sendungen – Pfarrer Fliege: »Rückenschmerzen müssen nicht sein«, Bärbel Schäfer: »Heute muß mein Kind anziehen, was mir gefällt«, Andreas Türck: »Andreas, hilf mir! Ich will sie zurück!« – können Ihre Stimmung nicht einen Deut bessern. Sie setzen alle Hoffnung auf das Vorabendprogramm: »Verbotene Liebe«, »Gute Zeiten, Schlechte Zeiten«, »echt wahr!« – Fehlanzeige, der Stimmungspegel bleibt beharrlich unten. Mühsam schleppen Sie sich noch bis zum »Film Film«, um endgültig das Handtuch zu werfen und völlig erschöpft ins Bett zu fallen.

Doch dem wollen wir vorbeugen! Seien Sie ganz beruhigt, noch ehe Sie Ihrer Zwangsfreizeit zu Leibe rücken wollen, ist sie auch schon beendet. Die nächste Aufgabe, der nächste Termin steht an. Gott sei Dank! Denn noch zermürbender als der ewige Streß ist das Nichtstun – gräßlich!

Der Tip von uns, wenn Sie wieder von einem solchen Tag geplagt werden: Nutzen Sie Ihre freie Zeit, machen Sie mal etwas Sinnvolles, schlendern Sie zum nächstgelegenen Aldi-Discount und kochen Sie sich was Nettes, natürlich etwas, das schnell geht, denn auch wer nichts zu tun hat, hat doch eigentlich gar keine Zeit!

Chicken Chips mit Kräuterquark
[Für 2 Portionen]

Vorbereitet in: ca. 5 Minuten
Im Ofen: ca. 15 Minuten
Frisch auf den Tisch in: ca. 20 Minuten

Zutaten:

Tiefgefrorene Chicken Chips (Menge nach Bedarf und Appetit)
Kräutermischung* (tiefgefroren oder frisch: Schnittlauch°, Petersilie°, Kerbel°, Minze°, Dill° etc.)
1 Joghurt
50 g Magerquark
Saft einer Zitrone
Salz, Pfeffer, Paprikapulver

[87]

So wird's gemacht:

1. Die Chicken Chips nach Packungsanweisung im Ofen backen.
2. Quark und Joghurt verrühren. Kräuter hinzufügen, ein wenig Zitronensaft hineinspritzen, mit Salz, Pfeffer und Paprikapulver

würzen (dabei gut abschmecken – der Kräuterquark zieht schnell durch und kann leicht überwürzt sein). Sollte der Kräuterdip zu fest sein, etwas Milch oder Sahne unterrühren.

3. Die gebackenen Chicken Chips mit dem Kräuterquark auf einem Teller servieren.

Appenzeller-Schnitten
[Für 2-4 Portionen]

Vorbereitet in: ca. 10 Minuten
Im Ofen: ca. 12 Minuten
Frisch auf den Tisch in: ca. 22 Minuten

Zutaten:
30 g Butter oder Margarine
1 TL Senf
6 Scheiben Toastbrot
8 Scheiben Appenzeller Käse*
3 Birnen (möglichst reife)
6 Streifen Bauernschinken

So wird's gemacht:

1. Die Butter oder Margarine mit dem Senf verrühren und die Toastscheiben damit bestreichen.
2. Jeden Toast mit einer Scheibe Appenzeller belegen. Die restlichen zwei Scheiben in 5 mm breite Streifen schneiden.
3. Die Birnen schälen, halbieren, entkernen, die Hälften in Scheiben schneiden und auf die Toasts legen.
4. Die Käsestreifen auf die Birnen verteilen.
5. Den Bauernschinken halbieren und quer auf die Käsestreifen legen. Die Toasts im vorgeheizten Ofen bei 250 °C ca. 12 Minuten überbacken.

Wir empfehlen:

Wer keine Lust hat, wegen der Käsescheiben einen anderen Laden als seinen geliebten Aldi aufzusuchen, der nehme statt Appenzeller Käse einfach mittelalten Gouda. Die überbackenen Toasts heißen dann zwar nicht mehr Appenzeller-Schnitten, schmecken aber trotzdem köstlich und sind ideal, um schnell nette Gäste daheim zu verwöhnen.

Kartoffelsuppe mit Lachsstreifen
[Für 4 Portionen]

Frisch auf den Tisch in: ca. 25 Minuten

Zutaten:
400-500 g Kartoffeln
1 EL Butter
3/4 l klare Brühe
1 Porree
4 Scheiben geräucherter Lachs
Petersilie[o]
Salz, Pfeffer
1 Zitrone

So wird's gemacht:

1. Die Kartoffeln schälen und in kleinere Stücke schneiden. Den Lauch putzen, waschen und in Ringe schneiden. Die Butter im Topf erhitzen und das Gemüse kurz anbraten. Mit Brühe aufgießen und so lange bei mäßiger Temperatur kochen lassen, bis die Kartoffeln weich sind.

2. Den geräucherten Lachs in feine Streifen schneiden.

3. Die Suppe pürieren und mit Salz, Pfeffer und reichlich Zitronensaft abschmecken. Petersilie hineinstreuen. Die Suppe sollte sämig sein. Wenn sie zu dick ist, mit etwas Wasser verdünnen.

4. Die Suppe in Teller füllen und portionsweise Lachsstreifen dazu servieren.

[89]

Chicorée-Gratin mit Räucherspeck
[Für 2 Portionen]

Vorbereitet in: ca. 20 Minuten
Im Ofen: ca. 30 Minuten
Frisch auf den Tisch in: ca. 50 Minuten

Zutaten:
150 g gewürfelter Katenschinken
6 Chicoréeköpfe
20 g Butter
Saft einer Zitrone
1 EL Senf
150 ml Sahne
100 g mittelalter Gouda
Salz, Pfeffer

[90]

So wird's gemacht:

1. Den Schinken in einer möglichst großen Pfanne im eigenen Fett knusprig braten und herausnehmen.

2. Chicorée putzen. Dabei eine dünne Scheibe vom unteren Ende des Chicorées abschneiden. Chicorée der Länge nach halbieren und die Strünke herausschneiden.

3. Butter in der Pfanne schmelzen, Chicorée mit der aufgeschnittenen Seite nach unten hineinlegen und mit dem Zitronensaft beträufeln. Unter mehrmaligem Wenden bräunen, dabei darauf achten, daß die Chicoréehälften nicht zerfallen.

4. Den Chicorée in eine Auflaufform legen und mit dem gebratenen Schinken bestreuen.

5. Den Käse reiben. Senf, Sahne und zwei Drittel der Käsemenge vermischen, mit Salz und Pfeffer würzen und die Masse über den Chicorée gießen. Mit dem übrigen Käse bestreuen und im vorgeheizten Ofen bei 200-225 °C überbacken, bis das Gratin goldbraun ist und Blasen bildet.

Sandwich mit Pute
[Für 1 Portion]

Frisch auf den Tisch in: ca. 20 Minuten

Zutaten:

6 Scheiben Bauernschinken
1 EL Öl
200 g tiefgefrorenes Putenbrustfilet
(ca. 2 Stunden vor dem Zubereiten auftauen
lassen)
Salz, Pfeffer
150 g Avocado°
1 TL Zitronensaft
1 EL Mayonnaise
1-2 Tomaten
5 Salatblätter
3 Scheiben Sandwichtoast

So wird's gemacht:

1. Den Bauernschinken in einer Pfanne mit zusätzlich etwas Fett oder Öl knusprig braten und herausnehmen.
2. Das Putenfleisch waschen, mit Küchenkrepp trocknen und quer in dünnere Scheiben schneiden, so daß im ganzen 4 Scheiben entstehen. Mit Salz und Pfeffer würzen und in der Pfanne im Speckfett auf jeder Seite 2 Minuten braten.
3. Avocado mit Zitronensaft und Mayonnaise mit dem Schneidestab pürieren und mit Salz würzen.
4. Die Tomaten in dünne Scheiben schneiden. Die Salatblätter waschen. Das Brot toasten.
5. Eine Scheibe Toast mit Salat belegen, dann die Hälfte von Putenfleisch, Tomaten, Avocadocreme und Schinken darauf anrichten, mit der zweiten Scheibe wiederholen. Mit der letzten Scheibe abdecken. Diagonal halbieren und servieren.

Überbackene Zwiebelsuppe
[Für 4 Portionen]

Vorbereitet in: ca. 20 Minuten
Im Ofen: ca. 10 Minuten
Frisch auf den Tisch in: ca. 30 Minuten

Zutaten:
200 g Zwiebeln
1 EL Butter
Salz
frisch gemahlener schwarzer Pfeffer
1 Messerspitze gemahlener Kümmel★
1 TL Kräuter der Provence★
20 g (ca. 2 gestrichene EL) Mehl
1/4 l klare Brühe
1/4 l Weißwein
4 Scheiben weißes Toastbrot
100 g gestifteter oder geriebener
Emmentaler

So wird's gemacht:

1. Die Zwiebeln enthäuten, in dünne Ringe schneiden und in der Butter goldbraun anbraten.

2. Salz, Pfeffer, Kümmel und Kräuter der Provence unterrühren, das ganze mit dem Mehl bestäuben und anschwitzen.

3. Zuerst die Brühe und dann den Wein einrühren und die Suppe 15 Minuten bei mittlerer Hitze köcheln lassen.

4. Backofen auf höchster Stufe vorheizen.

5. Das Brot toasten und je eine Scheibe in eine feuerfeste Suppenschüssel legen.

6. Den gestifteten oder geriebenen Käse auf die Brotscheiben verteilen und die Suppe vorsichtig von der Seite in jede Schüssel gießen, so daß das Brot langsam aufsteigt.

7. Die Suppenschüsseln in den Ofen schieben, bis der Käse geschmolzen ist.

Matjes mit Avocado
[Für 1 Portion]

Frisch auf den Tisch in: ca. 25 Minuten

Zutaten:
1 doppeltes Matjesfilet
1 Scheibe Vollkornbrot
20 g Butter
1/2 Avocado°
2-3 EL Zitronensaft
1/2 Apfel
1 kleine Zwiebel
1 Becher Sahnejoghurt (150 g)
abgeriebene Schale einer Zitrone
Salz, Pfeffer

So wird's gemacht:
1. Die Matjesfilets abspülen und trockentupfen.
2. Das Brot mit der Butter bestreichen und den Matjes darauflegen.
3. Die Avocado schälen, in Scheiben schneiden und mit 1 EL Zitronensaft beträufeln.
4. Den Apfel entkernen, fein würfeln und mit dem restlichen Zitronensaft mischen.
5. Die Zwiebel fein würfeln.
6. Joghurt mit Zitronenschale, Salz und Pfeffer verrühren und die Joghurtsauce mit Apfel- und Zwiebelwürfeln schichtweise zu den Matjesfilets geben.

[93]

Fischspieße
[Für 4 Portionen]

Vorbereitet in: ca. 20 Minuten
Im Ofen: ca. 10 Minuten
Frisch auf den Tisch in: ca. 30 Minuten

Zutaten:
Holz- oder Metallspieße*
250 g Rotbarschfilet (ca. 2 Stunden
vor dem Zubereiten auftauen lassen)
8 Riesengarnelen (ca. 2 Stunden
vor dem Zubereiten auftauen lassen)
Zitronensaft
[94] Salz
frisch gemahlener schwarzer Pfeffer
1 rote Paprika
1 Zucchini°
1 Knoblauchzehe
8 EL Olivenöl
1 EL Sojasauce*
Kräuter der Provence*

So wird's gemacht:
1. Den Backofen auf 200 °C vorheizen.
2. Das Rotbarschfilet in mundgerechte Stücke schneiden. Fisch und Riesengarnelen salzen, pfeffern und mit Zitrone beträufeln.
3. Die Paprika entkernen, waschen und in mundgerechte Stücke schneiden. Zucchini ebenfalls waschen und in Scheiben schneiden.
4. Abwechselnd Zucchinischeiben, Fisch- und Paprikawürfel und Garnelen auf die Spieße stecken.
5. Die enthäutete Knoblauchzehe zerdrücken und mit Öl, Sojasauce, Kräutern der Provence und Pfeffer verrühren.
6. Die Spieße mit der Sauce bestreichen und auf ein gefettetes Blech in den vorgeheizten Backofen legen.
7. Die Spieße mehrmals im Ofen wenden und mit der Sauce bestreichen. Nach ca. 10-15 Minuten aus dem Ofen herausnehmen.

Wir empfehlen:
Servieren Sie die Fischspieße mit Baguette oder Kräuterbaguette.

Gemüsepfannkuchen
[Für 2 Portionen]

Frisch auf den Tisch in: ca. 30 Minuten

Zutaten:
200 ml Milch
4 Eier
60 g (ca. 6 gestrichene EL) Mehl
1/2 TL Salz
1 Prise Zucker
frisch gemahlener schwarzer Pfeffer
3 Stangen Porree (ca. 200 g)
150 g Salami
1 rote Paprika
2 EL Butter

So wird's gemacht:

1. Milch, Eier, Mehl, Salz und eine Prise Zucker verquirlen und den Teig 15 Minuten quellen lassen.

2. Inzwischen den Porree in schmale Ringe und die Paprika entkernt in kleine Würfel schneiden. Beides gründlich waschen. Die enthäutete Salami ebenfalls in kleine Würfel schneiden. Porree, Paprika und Salami in die im Topf erhitzte Butter geben, 5 Minuten schmoren lassen und mit Pfeffer und Salz abschmecken.

3. Wenn möglich, in zwei Pfannen gleichzeitig Butter erhitzen, den Teig zu gleichen Teilen in beide Pfannen geben und kurz anbacken.

4. Den gedünsteten Salami-Gemüse-Mix auf beide Pfannkuchen verteilen und mit geschlossenem Deckel beide Seiten goldbraun backen lassen.

Spaghetti mit Tomaten-Thunfisch-Sauce
[Für 2 Portionen]

Frisch auf den Tisch in: ca. 25 Minuten

Zutaten:
250 g Spaghetti
400 g passierte Tomaten
400 g geschälte Tomaten
1 Dose Thunfisch
1 Zwiebel
1 Knoblauchzehe
1 Lorbeerblatt
Salz
Sonnenblumenöl
frisch gemahlener schwarzer Pfeffer
1 Bund Petersilie°
1-2 EL Schmand

So wird's gemacht:

1. Spaghetti kochen.
2. Öl erhitzen.
3. Zwiebel und Knoblauchzehe enthäuten, in Ringe bzw. kleine Würfelchen schneiden und im heißen Öl unter Rühren glasig dünsten (Vorsicht: Der Knoblauch darf nicht bräunlich werden!).
4. Die passierten Tomaten und die kleingeschnittenen geschälten Tomaten zu den Zwiebeln angießen, mit Salz und Pfeffer würzen, das Lorbeerblatt dazugeben und 15 Minuten ohne Deckel köcheln lassen.
5. In der Zwischenzeit die Petersilie waschen, trockenschütteln und die Blätter hacken; den Thunfisch zerkleinern und beides zum Schluß vorsichtig unter die Sauce heben, den Schmand unterrühren und noch mal 2 Minuten ziehen lassen.

Spaghetti mit Curry-Möhren
[Für 4 Portionen]

Frisch auf den Tisch in: ca. 25 Minuten

Zutaten:
500 g Spaghetti
500 g Möhren
Salz
1 Prise Zucker
1/4 l klare Brühe
1 Knoblauchzehe
3 EL Olivenöl
1 EL Butter
1 Bund Petersilie°
1 TL Curry
200 g Sahne

So wird's gemacht:
1. Spaghetti kochen.
2. Möhren putzen und in ca. 5 mm breite Stücke schneiden.
3. Öl und Butter zusammen erhitzen, den gehäuteten und gewürfelten Knoblauch andünsten (nicht braun werden lassen!), die Möhren darin anbraten und mit der Brühe löschen. Mit einer Prise Zucker würzen und 10 Minuten bei geschlossenem Deckel dünsten.
4. Petersilie waschen, trockenschütteln und Blätter hacken.
5. Die Möhren mit Curry bestreuen, Sahne und Petersilie in die Sauce rühren, mit Salz abschmecken und noch einmal kurz ziehen lassen.
6. Spaghetti mit den Curry-Möhren servieren.

☞ **Nudeln in Käse-Sahnesauce mit Basilikum** (Keine Zeit!)

☞ **Porree-Kartoffel-Suppe** (Husten, Schnupfen, Gliederschmerzen?)

☞ **Blumenkohl-Gratin mit Hackfleisch** (Geschafft!)

☞ **Frikadellen mit Joghurt-Kapernsauce** (Sommernachtstraum!)

☞ **Kartoffeln mit Walnuß-Pesto** (Geschafft!)

☞ **Basilikumsuppe** (Auf der Pirsch!)

☞ **Matjes mit Schinkenbohnen** (Geschafft!)

☞ **Risotto mit Garnelen** (Geschafft!)

[98]

Zwischen Tür und Angel! Fixes auf dem Sprung ins Kino

Eigentlich läßt es Ihr Arbeitspensum überhaupt nicht zu, vor 23 Uhr das Büro zu verlassen. Aber die Verabredung heute abend steht schon seit langem, und eigentlich freuen Sie sich schon darauf, sich gemütlich im Kinosessel zurücksinken und nach Herzenslust unterhalten zu lassen. Was steht noch gleich auf dem Programm? Ach ja – »Das große Fressen«. Na, das hört sich doch sehr nach Völlerei und Schlemmen an. Vielleicht nicht besonders klug, ausgehungert im Lichtspielhaus einzutrudeln und auf Popcorn, Schokoriegel und Gummibärchen zu setzen, wenn wenig später gebratene Hühnerbeine, saftige Lammkeulen, gegrillte Fische, aufgespießte Garnelen und süße Mangos auf der Multiplexleinwand an Ihren schmach-

tenden Augen vorüberziehen. Natürlich könnten Sie noch rasch vorher eine etwas gehaltvollere Currywurst mit Pommes zu sich nehmen, damit Ihr Magen das Geschehen auf der Leinwand gelassen nimmt. Aber verständlicherweise ist Ihnen nicht schon wieder nach diesen fettigen Kartoffelstiften, die gab's doch erst letzte Woche zweimal.

Wie wär's, wenn Sie heute mit Ihrer Arbeit 15 Minuten eher Schluß machen, zu sich nach Hause gehen – was Sie ja ohnehin vorhaben, weil Sie noch in Ihre bequeme Jeans steigen wollen – und für ein saftiges, knuspriges Sandwich oder pikante Spaghetti sorgen. Das ist im Vergleich mit Kino-Süßigkeiten oder Pommesbuden-Snacks viel gesünder und natürlich auch viel leckerer. Mit einem herzhaften Schinken-Käse-Sandwich im Bauch werden Sie nicht wegen eines visuellen Wildschweinsteaks die Contenance verlieren.

Das ist wie beim Einkaufen. Wer mit hängendem Magen an den liebevollen Köstlichkeiten bei Aldi vorbeiflanieren muß, der darf sich nicht wundern, wenn:

1. der Einkaufswagen wesentlich mehr Waren beherbergt, als der Einkaufszettel vorschreibt,

2. noch vor der Kasse der erste Salami-Knacker dran glauben muß.

Und so ist es eben auch im Kino. Ein zufriedenes Verdauungssystem sorgt für Ruhe in Ihren Innereien, und Ihr Kopf wird frei. Unbeschwert, und ohne permanent ans Essen denken zu müssen, können Sie sich von diesem spannenden Film heute abend unterhalten lassen, obwohl es um nichts anderes geht als ums Essen bis zum bitteren Ende.

[100]

Sandwich-Träume
Sämtliche Sandwiches sind innerhalb von 10–15 Minuten zubereitet.
[Für jeweils 1 Portion]

Sandwich klassisch

Zutaten:
2 Scheiben Vollkornbrot
2 Scheiben Scheiblettenkäse
Butter
1 Scheibe Schwarzwälder Schinken
1 Salatblatt
2 – 3 Cocktailtomaten
Mayonnaise

So wird's gemacht:
1. Backofen auf 200 °C vorheizen. Die Vollkornbrotscheiben mit Butter bestreichen, eine der Brotscheiben mit Schmelzkäse belegen. Im Ofen überbacken, bis der Käse geschmolzen und das Brot kroß ist.
2. In der Zwischenzeit die Tomaten in Scheiben schneiden, das Salatblatt waschen und abtropfen lassen.
3. Auf die Käsebrotscheibe den Schinken legen, darauf die Tomaten. Auf die Tomaten ein wenig Mayonnaise geben, mit dem Salatblatt abschließen. Brotscheibe obenauflegen.

Knoblauchsandwich mit Räucherlachs

Zutaten:
2 Scheiben Toastbrot
1 1/2 EL Butter
1 Knoblauchzehe
Räucherlachs
1 Ei
Salz, Pfeffer
2 Radieschen
1 TL Schmand

So wird's gemacht:
1. Den Knoblauch in die erhitzte Butter pressen und kurz darin schwenken. Die Toastbrotscheiben in der heißen Butter knusprig braten.
2. Die Radieschen in feine Scheiben schneiden. Das Ei in einer Tasse verquirlen.
3. Die fertigen Brotscheiben auf einen Teller legen. Eventuell in der Pfanne noch etwas Butter zerlassen und rasch das Rührei braten. Mit Salz und Pfeffer würzen.
4. Eine Scheibe Brot mit einer Lachsscheibe belegen, darauf das Rührei. Auf das Ei ein wenig Schmand, anschließend die Radieschen darauf verteilen, mit der anderen Brotscheibe bedecken.

Vollkornsandwich mit Schnittlauchquark

Zutaten:
2 Scheiben Vollkornbrot
Butter
frischer[o] oder tiefgefrorener Schnittlauch
2 Radieschen
2 EL Quark
Salz, Pfeffer und Paprikapulver

[101]

So wird's gemacht:
1. Die Brotscheiben mit Butter bestreichen.
2. Die Schnittlauchröllchen unter den Quark mischen und mit Salz, Pfeffer und Paprikapulver würzen. Die Quarkmasse auf eine Seite der Brotscheiben verteilen.

3. Die Radieschen in feine Scheiben schneiden und üppig auf dem Quark verteilen. Mit der anderen Brotscheibe zudecken und servieren.

Tomaten-Käse-Sandwich

Zutaten:
1 Scheibe Toastbrot
1 Tomate
1 Scheibe mittelalter Gouda
Salz
frisch gemahlener schwarzer Pfeffer
Oregano*
1 Bund Petersilie°

So wird's gemacht:
1. Den Backofen auf 180 °C vorheizen.
2. Die Tomaten in kleine Würfel schneiden.
3. Die Toastbrotscheiben mit Butter bestreichen und mit einer ca. 5 mm dicken Scheibe Käse belegen, die Tomatenwürfel auf beide Brote verteilen und mit Salz, Pfeffer

und Oregano würzen. Im Ofen backen, bis der Käse zerlaufen ist.
In der Zwischenzeit die Petersilie waschen, trockenschütteln und die Blätter hacken. Vor dem Servieren damit garnieren.

Überbackenes Bananen-Käse-Baguette
[Für 2 Portionen]

Zutaten:
1 Baguettebrötchen, wahlweise auch Toastbrotscheiben
1 Banane
1/2 Weichkäse mit Blauschimmel
Butter

So wird's gemacht:
1. Die Baguettebrötchen halbieren und mit Butter bestreichen.
2. Die Banane in Scheiben schneiden und auf die Baguettehälften verteilen.
3. Den Käse in nicht zu dicke Scheiben

schneiden und auf die Bananenschicht legen.

4. Im vorgeheizten Backofen überbacken.

Wir empfehlen:

Zu dieser ungewöhnlichen Bananen-Käse-Kreation schmeckt ein Feld- oder Chicorée-salat.

Kiwi-Ananas-Shake
[Für 6 Portionen]

Frisch auf den Tisch in: ca. 5-10 Minuten

Zutaten:
240 ml Ananassaft (von der Dosenananas abgießen)
4 Kiwis
290 ml Naturjoghurt
Saft und Schale einer halben Zitrone
Zucker
280 ml Limonade

So wird's gemacht:

1. 3 Kiwis schälen, grob hacken und zusammen mit dem Ananassaft mit dem Schneidestab pürieren.

2. 1/2 Zitrone abreiben und den Saft auspressen. Den Joghurt mit den pürierten Früchten und Zucker nach Geschmack in einer großen Schüssel mixen.

3. Den Saft auf Gläser verteilen, mit Limonade auffüllen und umrühren.

4. Die ungeschälte Kiwi in dünne Scheiben schneiden. Jede Scheibe bis zur Mitte einschneiden und an die Glasränder stecken.

Spaghetti pikant
[Für 4 Portionen]

Frisch auf den Tisch in: ca. 15 Minuten

Zutaten:
500 Spaghetti
1 Knoblauchzehe
1 getrocknete Chilischote*
ca. 1 Tasse Olivenöl
1 Bund Petersilie°
Parmesan*

[104]

So wird's gemacht:
1. Spaghetti kochen.
2. Die Hälfte des Olivenöls erhitzen.
3. Die Knoblauchzehe enthäuten und in feine Scheiben schneiden. Im Öl kurz glasig dünsten. Auf keinen Fall bräunlich werden lassen!
4. Gleichzeitig von einer getrockneten Chilischote je nach Geschmack etwas in das heiße Öl hineinbröseln (Vorsicht, kann leicht zu scharf werden!).
5. Petersilie waschen, trockenschütteln und die Blätter hacken.
6. Das heiße Öl mit den Spaghetti vermengen. Kaltes Olivenöl je nach Geschmack unterheben.
7. Mit Parmesan und gehackter Petersilie bestreuen.

☞ **Krabbenrührei mit Schnittlauch** (Keine Zeit!)

Saft- und kraftlos?
Fixes zum Aufputschen

Der Biorhythmus eines jeden Menschen bringt es nun mal mit sich, daß man sich mit oder ohne Grund von Zeit zu Zeit völlig zerschlagen fühlt. Schon der morgendliche Sprung aus dem Bett will nicht recht gelingen, mühsam stellen Sie ein Bein neben das andere und drücken sich ächzend von der Matratze ab, die Sie nur äußerst ungern verlassen. Auch der dampfende Kaffee nach der beschwerlichen Morgentoilette macht Sie nicht munter. Gähnend und schlapp in allen Gliedern nehmen Sie wohl oder übel Ihren Tag in Angriff.

Sie bringen es sogar fertig, sich auf der Büro-Toilette eine halbe Stunde einzuschließen und auf dem unappetitlichen WC-Vorleger vorübergehend in Tiefschlaf zu fallen. Selbst energisches Hämmern der Kollegen gegen die Toilettentür, das Ihnen signalisieren sollte, den von Ihnen schamlos okkupierten Ort schnellstens zu verlassen, bringt Sie nicht aus der Ruhe.

Leider ändert sich an Ihrem kraftlosen Zustand bis zum Abend nichts. Jede Kleinigkeit, um die man Sie bittet, erscheint Ihnen wie eine riesige Herausforderung, als müßten Sie ohne Sauerstoffmaske den Mount Everest erklimmen. Allein der Gedanke, wegen irgend etwas in Aktion treten zu müssen, entlockt Ihnen einen herzhaften Gähner. Sie fühlen sich wie Ihr Handy, dessen Akku dringend aufgeladen werden müßte. Auch Sie möchten am liebsten die erstbeste Couch aufsuchen und ein Nickerchen machen, um Ihre Batterien zumindest halb aufzuladen. In einem solchen körperlich-geistigen Zustand sind Ihre Kinder die reinsten Quälgeister, die Kollegen penetrante Nervensägen und Ihr Partner einfach nur lästig. Doch Vorsicht! Seien Sie nicht ungerecht. Nicht die anderen sind es, die nerven – Sie sind einfach nur miserabel in Form und abgelaufen. Das muß aber nicht sein. Tun Sie etwas dagegen!

In solchen Phasen haben sich neben ausreichendem Schlaf, frischer Luft und ein wenig Bewegung auch kleine kulinarische Muntermacher bestens bewährt. Ein prickelnder Obsttraum, ein vollwertiger Shake, ein aufmunternder Drink und andere Häppchen zum Aufputschen bringen Sie schnell wieder in Topform, so daß Sie wieder Spaß und Freude an Ihrer Umwelt haben. Und nicht nur Sie, auch die anderen sind erleichtert, wenn Sie nicht länger als nörgelnde Trauerweide durch die Gegend streifen.

Erdbeeren mit Zimttoast
[Für 4 oder 8 Portionen]

Frisch auf den Tisch in: ca. 15 Minuten

Zutaten:

1 Schale reife Erdbeeren
100 g weiche Butter
70 g Puderzucker
8 Scheiben Weizentoastbrot
Zucker, Zimt
200 ml Sahne
1 Päckchen Vanillezucker

So wird's gemacht:

1. Die Erdbeeren waschen, halbieren und mit Zimt und Zucker bestreuen.
2. Weiche Butter, Puderzucker und eine Messerspitze Zimt mit dem Handrührgerät schaumig schlagen. Die Masse auf beide Seiten der Toastscheiben streichen (nicht zu dick!), Toast auf den Rost des Backofens legen. Auf der 2. Einschubleiste von oben unterm Grill oder bei starker Oberhitze auf

jeder Seite ca. 1 Minute braun rösten (Vorsicht: Die Toasts rösten sehr schnell, bleiben Sie unbedingt dabei!).

3. Die Sahne mit dem Vanillezucker steif schlagen.

4. Die Zimttoasts mit Erdbeeren und Sahne servieren.

Apfelquarktaler
[Für 10 Portionen]

Frisch auf den Tisch in: ca. 15 Minuten

Zutaten:
500 g Magerquark
4 Eier
20 g (ca. 2 gestrichene EL) Mehl
Salz
1 Päckchen Vanillezucker
1 Apfel
Rosinen (Menge je nach Geschmack)
Sonnenblumenöl
Zucker und Zimt

So wird's gemacht:
1. Öl in einer Pfanne erhitzen.

2. Aus Quark, Eiern, Mehl, einer Prise Salz, Vanillezucker und Rosinen einen Teig rühren.

3. Einen Apfel schälen, entkernen, grob reiben und unter den Teig heben.

4. Mit einem Eßlöffel den Teig in kleinen, kreisrunden Häufchen in die Pfanne geben und im heißen Öl etwa 3 Minuten von beiden Seiten bei mittlerer Hitze goldbraun backen.

5. Die Quarktaler mit Zucker oder Zucker und Zimt bestreut servieren.

Avocado-Orangen-Milch
[Für 6 Gläser]

Frisch gekühlt auf den Tisch in: ca. 15 Minuten

Zutaten:
1 reife Avocado° (reife Avocados müssen einem Fingerdruck leicht nachgeben. Wenn

sie beim Einkauf noch zu fest sind, 2-3 Tage
nachreifen lassen!)
1 Zitrone
2-3 Orangen (je nach Saftgehalt)
1/2 l kalte Buttermilch,oder ersatzweise 1/4 l
Milch und 300 g Naturjoghurt
2 EL flüssiger Bienenhonig

So wird's gemacht:

1. Die Avocado halbieren, den Stein herauslösen und das Fruchtfleisch in ein Mixgefäß geben und mit Zitrone beträufeln.
2. Eine Orange gründlich abwaschen und die Schale über das Avocadofleisch reiben. Die Orangen auspressen.
3. Honig, Orangensaft und Buttermilch (ersatzweise auch den Milch-Joghurt-Mix) hinzugeben.
4. So lange auf kleinster Stufe mixen, bis keine Stücke des Fruchfleisches mehr zu sehen sind. Dann noch einmal auf höchster Stufe schaumig schlagen und einige Minuten in den Kühlschrank stellen.

Gemüseeintopf mit gebratenen Rostbratbällchen
[Für 2 Portionen]

Frisch auf den Tisch in: ca. 30 Minuten

Zutaten:
Sonnenblumenöl
1 große Bratwurst
1 Zwiebel
2 Knoblauchzehen
3/8 l (375 ml) konzentrierte klare Brühe
500 g weißes Gemüse nach Wahl: Spargel,
Kohlrabi, Lauch, Blumenkohl
1 Becher Schmand
1 Bund Petersilie° oder Schnittlauch °oder
Kerbel° (gefrorene Fertigmischungen* sind
gut geeignet)
Pfeffer, Salz

So wird's gemacht:

1. Das Öl erhitzen.
2. Die Haut der Bratwurst mit einem spitzen Messer aufschneiden, die Füllung heraus-

drücken, zu kleinen Bällchen formen und in heißem Fett kurz anbraten.

3. Zwiebel und Knoblauchzehen enthäuten, in Ringe bzw. Würfel schneiden und mit den Wurstbällchen dünsten.

4. Die konzentrierte Brühe angießen und das geputzte und zerkleinerte Gemüse nach Wahl hinzugeben. Den Becher Schmand unterrühren und 15 Minuten köcheln lassen.

5. Mit Pfeffer und Salz abschmecken und mit den gehackten Kräutern garnieren.

Lachsfilet mit Meerrettichhäubchen
[Für 4 Portionen]

Vorbereitet in: ca. 20 Minuten
Im Ofen: ca. 5-8 Minuten
Frisch auf den Tisch in: ca. 25-30 Minuten

Zutaten:
4 gefrorene Lachsfilets (ca. 2 Stunden vor dem Zubereiten auftauen lassen)

1 Zitrone
Semmelbrösel
2 EL Sahnemeerrettich*
1 Eigelb
450 g (1 Paket) tiefgefrorener Spinat
1 kleine Zwiebel
2 EL Butter
Salz, frisch gemahlener schwarzer Pfeffer
Muskatnuß
Dill° zum Garnieren

So wird's gemacht:

1. Den Backofen auf 200 °C vorheizen.

2. Die Zwiebel enthäuten, hacken und in Butter glasig dünsten. Den gefrorenen Spinat zugedeckt und bei geringer Hitze auftauen lassen. Zum Schluß mit Muskat, Pfeffer, Salz und einem Spritzer Zitrone abschmecken und kurz erhitzen.

3. Während der Spinat im Topf auftaut, den Lachs mit Zitronensaft beträufeln, salzen, pfeffern und mit Muskat bestreuen. In ausgelassener Butter kurz von beiden Seiten anbraten.

4. In das Eigelb und den Sahnemeerrettich unter Rühren Semmelbrösel einstreuen, bis eine sahnige Masse entstanden ist, die auf den Lachs gestrichen wird. Im Ofen 5-8 Minuten überbacken.

5. Den mit Dill garnierten Lachs zusammen mit dem Spinat servieren.

Wir empfehlen:

Dazu können Sie Toastbrot, frisch gebackene Baguettebrötchen oder auch Salzkartoffeln servieren. Diese müßten zu Beginn der Zubereitung gekocht werden.

[110] Garnelen-Gemüse-Suppe
[Für 4 Portionen]

Frisch auf den Tisch in: ca. 30 Minuten

Zutaten:
500 g Riesengarnelen (ca. 1 Stunde vor dem Zubereiten auftauen lassen)
400 g Staudensellerie*
2 Möhren
2 Zwiebeln
40 g Butter
300 g (etwa 2-3 mittelgroße) Kartoffeln
1/2 l Wasser
3/4 l Milch
Salz, frisch gemahlener schwarzer Pfeffer
100 g gestifteter Emmentaler
1 Bund Petersilie°

So wird's gemacht:
1. Riesengarnelen abtropfen lassen.
2. Selleriestangen waschen und in ca. 2 cm lange Stücke schneiden.
3. Möhren putzen und in dicke Scheiben schneiden.
4. Zwiebeln häuten und würfeln.
5. Butter in einem Topf auslassen und Zwiebeln und Stangensellerie andünsten.
6. In der Zwischenzeit die Kartoffeln schälen, würfeln und in 1/2 l Salzwasser zusammen mit den Möhrenstücken, dem Sellerie und den Zwiebeln 15 Minuten garen.
7. Die Petersilie waschen, trockenschütteln und die Blätter hacken.

8. Die Milch und den Käse einrühren, die Garnelen und die Petersilie dazugeben und mit Salz und Pfeffer abschmecken. 2 Minuten bei geringer Hitze ziehen lassen.

Schweinefilet süßsauer
[Für 4 Portionen]

Frisch auf den Tisch in: ca. 25 Minuten

Zutaten:
600 g Schweinefilet (ca. 3 Stunden vor dem Zubereiten auftauen lassen)
1/2 Tasse Sojasauce*
Sonnenblumenöl
Zucker
1 Dose Ananas
1 Päckchen Sojasprossen*
1 EL Speisestärke
Wein- oder Kräuteressig
Salz, frisch gemahlener schwarzer Pfeffer

So wird's gemacht:
1. Das Ananasfleisch über einem Sieb abtropfen lassen und den Saft auffangen.
2. Aus Sojasauce, 1 Tasse Ananassaft, Salz, Pfeffer, einer Prise Zucker und einem Schuß Essig eine Marinade rühren.
3. Das Schweinefilet unter fließendem Wasser abspülen, auf Küchenkrepp trocknen, anschließend in kleine Stücke schneiden und in der Marinade 10 Minuten ziehen lassen.
4. Die Sojasprossen sehr gründlich waschen und abtropfen lassen.
5. Das Fleisch aus der Marinade herausnehmen und abtropfen lassen.
6. Das Öl erhitzen und das Fleisch scharf von beiden Seiten 2-5 Minuten anbraten.
7. Die Marinade mit 1 El Speisestärke verquirlen und in die Fleischpfanne angießen.
8. Die abgetropften Ananasstücke und Sojasprossen unterheben und mit Salz, Pfeffer und Zucker abschmecken.

Wir empfehlen:
Als Beilage eignen sich Salzkartoffeln oder Reis.

☞ **Kiwi-Ananas-Shake** (Zwischen Tür und Angel!)

☞ **Kaffee-Bananen-Shake** (Auf der Pirsch!)

☞ **Zucchinisuppe mit frischem Kerbel** (Husten, Schnupfen, Gliederschmerzen?)

Auf der Pirsch!
Fixes für die Anmache

Man sollte nie etwas dem Zufall überlassen, erst recht nicht in der Liebe. Ob es zwischen zwei Menschen funkt oder nicht, steht durchaus nicht in den Sternen, es liegt sogar zum großen Teil in Ihrer Hand oder besser gesagt auf Ihrem Kochlöffel. – Ja, Sie haben ganz richtig gelesen, auf Ihrem Kochlöffel! Heißt es nicht immer so schön: »Liebe geht durch den Magen«? Wir behaupten: Es heißt nicht nur so, dem ist auch so.

Stellen Sie sich vor, Sie haben Ihr erstes Rendezvous, Sie ziehen mit Ihrem Schwarm von einer Cocktailbar in die andere, der Abend wird länger und länger, der Magen leerer und leerer. Sie kommen sich näher und näher, die Luft flirrt und klirrt, und alles spitzt sich auf die eine Frage zu: »Zu mir oder zu dir?« Müßten Sie sich in diesem Moment einen geplünderten Kühl- und Vorratsschrank eingestehen oder in Vergessenheit geratene, längst verfallene Joghurtbecher, könnten also so gar nichts zum sinnlichen Zwischenspiel der anderen Art beitragen, geschweige denn das Frühstück am nächsten Morgen bestreiten, würden Sie in echten Erklärungsnotstand geraten.

Sie sind aber bestens präpariert: »Zu mir« heißt es natürlich! Zaudern Sie nicht einen Augenblick, denn Sie haben ja etwas Verführerisches vorbereitet. Wenn Sie die zarte Knospe Ihrer neuen Liebe nicht in einem schnöden One-Night-Stand enden lassen möchten, dann denken Sie voraus. Ein scharfes Süppchen zum Anheizen, ein zuckersüßer Schokokuchen zu einem Täßchen aufmunterndem Espresso, ein aphrodisierender Exotikshake … na, wer da nicht drauf abfährt, der ist sowieso nicht die oder der Richtige für Sie.

All die Köstlichkeiten haben Sie natürlich bereits angerichtet. Ihr Schwarm soll jedoch nicht denken, Sie haben Ihr Treffen nüchtern vorauskalkuliert: Wie selbstverständlich, als ob Sie täglich solche herrlichen Speisen zu sich nehmen, tischen Sie auf und erreichen damit mühelos den ersten Quantensprung in der Werteskala. Besonders der Mann, der seine Angebetete kulinarisch erfolgreich becirct, hat schon Punkte gemacht, eh es überhaupt richtig losgeht … Klingt das nicht vielversprechend?

Tarte au chocolat

Vorbereitet in: ca. 10-15 Minuten
Im Ofen: ca. 20 Minuten
Frisch auf den Tisch in: ca. 30-35 Minuten

Zutaten:
1 Tafel dunkle Schokolade
100 g Butter
50 g Mehl
100 g Zucker
1 Prise Salz
3 Eier

[114] **So wird's gemacht:**

1. Die Schokolade in einzelne Stücke brechen und zusammen mit der Butter bei ganz geringer Hitze schmelzen lassen. Gelegentlich umrühren, so daß sich Butter und Schokolade gut mischen.
2. Die Eier mit Zucker und Salz am besten mit dem Handrührgerät schaumig schlagen, anschließend das Mehl nach und nach hinzugeben und bei niedrigster Stufe unterrühren.
3. Mit dem Teigschaber die Schokoladenmasse unterheben, bis sie sich mit der hellen Masse einheitlich verbunden hat.
4. Falls nötig, die Kuchenform einfetten, dann die Masse hineingeben und 20 Minuten im vorgeheizten Backofen bei 180 °C backen.

Wir empfehlen:

Dieser herrlich saftige Schokoladenkuchen becirct einfach jede/n. Er eignet sich wunderbar zu einem Täßchen Kaffee. Mit frischen Erdbeeren und Schlagsahne sorgen Sie nicht nur farblich für eine vollkommene Abrundung.

Erdbeeren mit Minze
[Für 2 Portionen]

Vorbereitet in: ca. 20 Minuten

Zutaten:
1 Grapefruit
250 g Erdbeeren
4 TL Puderzucker
8 Blätter Minze °

So wird's gemacht:

1. Die Grapefruit schälen und filetieren (s. Zeit sparen mit cleveren Ideen). Die Spalten halbieren.
2. Die Erdbeeren waschen, putzen, halbieren und zu den Grapefruitstücken geben.
3. Puderzucker über das Obst streuen, mischen und im Kühlschrank durchziehen lassen. Minze vor dem Servieren hacken und über das Obst streuen.

Basilikumsuppe
[Für 4 Portionen]

Frisch auf den Tisch in: ca. 25 Minuten

Zutaten:
450 g Suppengrün (frisch oder aus der Gefriertruhe)
7 TL klare Brühe
1 l Wasser
2 Knoblauchzehen
1 Töpfchen Basilikum°

2 EL Olivenöl
frisch gemahlener schwarzer Pfeffer
4 EL gestifteter Emmentaler
2 EL geriebener Parmesan*

So wird's gemacht:

1. Im kochenden Wasser die Brühe auflösen.
2. Das Suppengrün (sofern Sie frisches verwenden) putzen, klein schneiden und ca. 10 Minuten köcheln lassen.
3. Die Knoblauchzehen enthäuten, zusammen mit den Basilikumblättern sehr fein hacken und nach und nach unter Rühren das Olivenöl hinzugeben, bis eine Paste entsteht.
4. Beide Käsesorten in die Brühe einrühren und mit Pfeffer abschmecken.
5. Die Paste separat servieren. Jeder Gast nimmt davon nach Geschmack.

Wir empfehlen:
Reichen Sie Toastbrot und geriebenen Käse dazu!

Kaffee-Bananen-Shake
[Für 4 Portionen]

Frisch auf den Tisch in: ca. 10 Minuten

Zutaten:
2 EL löslicher Kaffee
1 große Banane
1 EL Zitronensaft
2 EL Zucker
3/4 l Milch

So wird's gemacht:
1. Den Kaffee in wenig heißem Wasser auflösen.
2. Die Banane schälen, das Fruchtfleisch zerteilen und zusammen mit Zitronensaft, Zucker und Kaffee im Mixer pürieren.
3. Nach und nach die Milch auf niedrigster Stufe dazumixen.
4. In Gläser füllen und sofort servieren.

[116]

☞ **Lachstatar auf Weißbrotscheiben** (Leselust!)
☞ **Erdbeeren mit Zimttoast** (Saft- und kraftlos?)
☞ **Himbeerquarkschaum mit Orangenfilets** (Vor der Flimmerkiste …)
☞ **Kiwi-Ananas-Shake** (Zwischen Tür und Angel!)

Sommernachtstraum!
Fixes für die Gartenlaube

Wer liebt sie nicht, die lauen Abende im Freien? Wenn die Vögel ihr Abendgezwitscher anstimmen, von weither ein Rasenmäher brummt, ein sanftes Lüftchen die Rosenbüsche wiegt, dann weiß man: Es ist Sommer. Die milden Nächte gehören nicht allein den Laubenpiepern, nein, auch Kleingärtnern und stolzen Balkoniern. Sie alle kommen in dieser Jahreszeit voll auf ihre Kosten. Auf engstem Raum treffen sich sommerliche Nachtschwärmer in geselligen Runden, und wer diese göttliche Saison nicht in freier Natur zu nutzen weiß, statt dessen in einer dunklen Spelunke eine fettige Pizza am Meter zu sich nimmt, dem ist beim besten Willen nicht zu helfen. Solche berauschenden Sommerabende müssen in Breitengraden mit langen Wintern aus tiefster Seele genossen werden, denn schnell sind sie vorüber.

Es ist völlig gleichgültig, ob Ihr Garten parkähnliche Ausmaße hat oder ob Sie nur über einen 1 1/2 m^2 großen Balkon verfügen, auf dem gerade einmal zwei Personen Platz finden und Grillpartys sich nur schwerlich arrangieren lassen; diese Juwelen des Sommers verlangen ganz und gar nicht nach obligatorischen Grill-Völlereien – im Gegenteil: Wenn zartester Blumenduft die Luft erfüllt und die letzten Sonnenstrahlen das Staudenbeet in ein Fest der Farben verwandeln, dann können sich miefende Rindersteaks und dampfende Gartengrills, die alles in einen dichten Qualm einhüllen, als ausgemachte Stimmungskiller erweisen.

Außerdem gilt es in dieser Jahreszeit, in der kurze Röcke drei Viertel Ihres Beins freilegen und knappe T-Shirts einen Blick auf Ihren Bauchnabel gewähren, die Figur zu wahren. Da heißt es ohnehin: Vorsicht mit Deftigem und Fettigem! Spätestens am nächsten Tag, wenn Sie sich zum Baden verabredet haben, werden Sie Ihre nächtliche Schlemmerei bereuen.

Wir empfehlen Ihnen Gartenlauben-Gerichte von der leichtesten Art. Allein oder in

Gesellschaft bieten diese frischen Köstlichkeiten die geeignete Mahlzeit, um einen stimmungsvollen Abend, umhüllt vom Duft des Sommers, zu erleben. Und wenn später dann der Mond alles in silbriges Licht taucht, müssen Sie einfach glücklich sein.

Frikadellen mit Joghurt-Kapernsauce
[Für 4 Portionen]

Frisch auf den Tisch in: ca. 20 Minuten

Zutaten:
500 g tiefgefrorenes Hackfleisch, halb und halb (ca. 6 Stunden vor dem Zubereiten auftauen lassen)
4-5 EL Mineralwasser
1 Ei
1 EL Senf
1 Zwiebel
Salz, Pfeffer (evtl. Koriander*)
2 EL Öl
150 g Mayonnaise
100 g Joghurt
1 TL Zitronensaft
20 g Kapern

So wird's gemacht:

1. Das Hackfleisch mit Mineralwasser, Ei, Senf, Salz, Pfeffer (Koriander) und der fein gewürfelten Zwiebel zu einem glatten Teig kneten.
2. Frikadellen mit der Hand formen (Größe nach Mengenbedarf), Öl in einer Pfanne erhitzen und die Frikadellen von jeder Seite ca. 3 Minuten braten.
3. In der Zwischenzeit die Mayonnaise mit Joghurt, Zitronensaft, Kapern, Salz und Pfeffer verrühren.

Wir empfehlen:

Sie können die Frikadellen warm oder auch kalt mit dieser frischen Sauce genießen. Dazu paßt ein bunter Salat oder – wer nicht soviel Zeit hat – einfach in Scheiben geschnittene Tomaten oder Gurken.

Gorgonzolacreme im Birnenring
[Für 2 Portionen]

Frisch auf den Tisch in: ca. 10 Minuten

Zutaten:

2 Birnen
100 g Gorgonzola
1 Becher Sahne
frisch gemahlener schwarzer Pfeffer
Walnüsse
Salz
1 Zitrone

So wird's gemacht:

1. Die Birnen von der Blüte zum Stengel in 3-4 Scheiben schneiden und das Kerngehäuse mit einem spitzen Messer entfernen.
2. Aus Gorgonzola und Sahne eine geschmeidige Masse mit einer Gabel rühren und mit Salz, Pfeffer und Zitronensaft abschmecken.
3. Die Masse mit einem Teelöffel auf die Birnenscheiben geben und mit je einer Walnuß garnieren.

Apfeltaschen
[Für 10 Portionen]

Frisch auf den Tisch in: ca. 30 Minuten

Zutaten:
250 g Quark
250 g Mehl
250 g Butter/Margarine
3 mittelgroße säuerliche Äpfel
Puderzucker

So wird's gemacht:
1. Aus Quark, Fett und Mehl einen Teig kneten.
2. Äpfel schälen, vierteln und entkernen.
3. Den Teig ausrollen und mit einem spitzen Küchenmesser in etwa 10 gleich große Quadrate schneiden.
4. Jeweils ein Apfelviertel in ein Teigquadrat einschlagen, die Ecken diagonal zueinander und in der Mitte etwas mit dem Finger zusammendrücken. Achten Sie darauf, daß keine Risse oder größeren Spalten im Teigmantel entstehen, sonst fließt der Apfelsaft während des Backens heraus.
5. Die Taschen auf ein gefettetes Blech geben und etwa 20 Minuten goldbraun backen.
6. Mit Hilfe eines Siebes Puderzucker darüberstreuen.

Wir empfehlen:
Servieren Sie die Apfeltaschen warm als Dessert, zum Brunch oder Kaffeeklatsch!

Krabbencocktail
[Für 4 Portionen]

Frisch auf den Tisch in: ca. 20 Minuten

Zutaten:
300 g Krabben
200 g Cocktailtomaten
4 Frühlingszwiebeln★
5 EL Naturjoghurt
2 EL Schmand
3 EL Tomatenketchup
1 Zitrone
Salz

1 Prise Zucker
frisch gemahlener schwarzer Pfeffer
1 Messerspitze Cayennepfeffer*
4 Salatblätter (Eisbergsalat)

So wird's gemacht:

1. Die Krabben kurz unter fließendem Wasser abspülen und in einem Sieb abtropfen lassen.
2. Die Frühlingszwiebeln waschen, das Weiße hacken und etwas grünen Zwiebellauch in kleine Röllchen schneiden.
3. Die gewaschenen Tomaten vierteln.
4. In einem Gefäß Joghurt, Schmand und Ketchup verrühren und mit dem Saft einer 1/2 Zitrone, Salz, Zucker und Pfeffer pikant würzen.
5. Krabben, Tomaten, Frühlingszwiebeln und Sauce vorsichtig in einer Schüssel vermengen.
6. Die Salatblätter waschen und das Wasser abschütteln.
7. Vier Glasschüsselchen mit je einem Salatblatt auslegen und den Krabbencocktail darin anrichten.

8. Mit den Lauchröllchen und einer Scheibe Zitrone am Rand garnieren.

Wir empfehlen:

Reichen Sie Toastbrot und Butter dazu.

Mousse au chocolat mit Brandy
[Für 6 Portionen]

Frisch auf den Tisch in: ca. 30 Minuten

Zutaten:

180 g Zartbitterschokolade
75 ml Wasser
1 EL Butter
3 Eier
2 EL Brandy
4 EL Schokoladenraspeln

So wird's gemacht:

1. Die Schokolade in kleine Stücke teilen und mit dem Wasser in eine Schüssel geben.
2. Die Schüssel in ein Wasserbad stellen und Schokolade und Wasser verrühren bis die

Schokolade schmilzt und sich mit dem Wasser verbindet. Die Schüssel aus dem Wasserbad nehmen und abkühlen lassen.

3. Die Butter in kleine Stücke schneiden, zur geschmolzenen Schokolade geben und unterrühren, bis sie schmilzt.

4. Ein Eigelb nach dem anderen unterziehen und den Brandy einrühren.

5. Das Eiweiß steif schlagen, behutsam unter die Masse heben und einige Stunden kalt stellen.

6. Vor dem Servieren mit den Schokoladenraspeln bestreuen.

[122]

Matjes-Speckbohnen-Salat
[Für 4-6 Portionen]

Frisch auf den Tisch in: ca. 30 Minuten

Zutaten:
250 g (etwa 2 mittelgroße) Kartoffeln
1/8 l klare Brühe
150 g grüne Bohnen
Salz
100 g durchwachsener Speck
6 Matjesfilets
1 EL Zitronenschale
3 EL Öl
2 EL Essig
2 Stengel oder geriebenes Bohnenkraut*
1 TL frisch gemahlener schwarzer Pfeffer

So wird's gemacht:
1. Pellkartoffeln kochen.

2. Die Matjesfilets 10 Minuten wässern.

3. Die Bohnen putzen (beide Spitzen abschneiden und gründlich waschen), brechen und 10 Minuten in Salzwasser kochen.

4. Den Speck fein würfeln und knusprig anbraten.

5. Brühe aufkochen.

6. Die Matjesfilets auf Küchenkrepp trocknen, in kleine Stücke schneiden und mit geriebener Zitronenschale bestreuen (Zitrone vorher gut unter heißem Wasser waschen!).

7. Die Kartoffeln in Würfel schneiden und mit der heißen Brühe übergießen.
8. Aus Öl, Essig, Bohnenkraut, wenig Salz und Pfeffer eine Sauce rühren, über alle Zutaten gießen und vorsichtig vermengen. 15 Minuten ziehen lassen.

☞ **Nudelsalat mit Tomaten, Mozzarella und Basilikum** (Keine Zeit!)

☞ **Pfirsich-Sahne-Creme** (Party-Time!)

☞ **Tarte aux citrons** (Party-Time!)

☞ **Hähnchengeschnetzeltes mit Mandeln und Trauben** (Fit for Fun!)

☞ **Erdbeeren mit Zimttoast** (Saft- und kraftlos?)

☞ **Zitrusfrüchte mit Joghurtdressing** (Husten, Schnupfen, Gliederschmerzen?)

☞ **Chicorée-Orangen-Salat** (Fit for Fun!)

☞ **Feldsalat mit Gorgonzola und Walnüssen** (Keine Zeit!)

☞ **Apfel-Matjes-Salat** (Party-Time!)

☞ **Kiwi-Ananas-Shake** (Zwischen Tür und Angel!)

☞ **Himbeerquarkschaum mit Orangenfilets** (Vor der Flimmerkiste …)

☞ **Gorgonzolacreme in Avocadoschiffchen** (Vor der Flimmerkiste …)

Köchelverzeichnis